Klick! 9

Arbeitsheft

Schreiben, Lesen, Rechtschreiben und Grammatik in Beruf und Alltag

Erarbeitet von
Marion Böhme, Heike Huck,
Catherine Jaulgey, Gabriele Klaßmann,
Martina Kolbe-Schwettmann, Martina König,
Michaela Krauß, Michael Mumm,
Rosa Regenscheit, Heidrun Stahn,
Siegfried Wengert, Margarete Westermeier,
Miriam Wiedner

Unter Beratung von
Dorothee Braun, Katharina Probst-Bauer

Inhaltsverzeichnis

Wörter aus der Berufs- und Arbeitswelt

In der Hotelküche

Emma macht ein Praktikum in einer Hotelküche. Sie darf bei vielen Arbeiten helfen und lernt dabei Bezeichnungen für ihre Tätigkeiten kennen.

1 Welche Tätigkeiten darf Emma übernehmen?
Ordne den Bildern die passenden Bezeichnungen zu.

die Sahne steif schlagen — die Klöße abschöpfen — das Fleisch braten

eine Soße pürieren — das Gemüse dünsten — die Möhren reiben

Der Küchenchef erklärt Emma, wofür man verschiedene Arbeitsgeräte benutzt.

2 Verbinde die Arbeitsgeräte mit den entsprechenden Bezeichnungen und den passenden Verben.

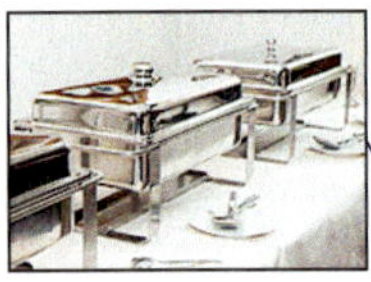	der Schaumlöffel	warm halten
	der Rechaud* (die Warmhalteplatte)	abschöpfen
	die Kasserolle (der Schmortopf)	mischen und pürieren
	der Standmixer	braten oder schmoren

* sprich: Reschoh

In der Hotelküche

Emma möchte die Informationen aufschreiben.

3 Schreibe für Emma auf, wozu die verschiedenen Arbeitsgeräte benutzt werden.
Schreibe 5 Sätze. Verwende das Wortmaterial aus Aufgabe 2.

Emma lernt auch verschiedene Gar-Methoden für Lebensmittel kennen.

4 a) Verbinde die Satzanfänge mit den richtigen Satzenden.
b) Schreibe die Sätze in dein Heft.

1. **Dämpfen** ist eine schonende Gar-Methode für Gemüse oder Fisch,
2. Beim **Dünsten** wird Fisch, Fleisch oder Gemüse
3. Beim **Schmoren** wird Fleisch kurz angebraten
4. **Rösten** bedeutet

- das trockene Erhitzen pflanzlicher Lebensmittel, z. B. Nüsse, ohne Fett oder Flüssigkeit, um den Geschmack zu verändern.
- bei der die Lebensmittel nur durch den Dampf gegart werden.
- und dann in einem geschlossenen Topf mit Flüssigkeit fertig gegart.
- in wenig Flüssigkeit gegart.

Auf dem Bau

**Eral arbeitet in den Sommerferien als Aushilfe in einer Baufirma.
Der Meister zeigt eine Anleitung, wie man Paneele verlegt.**

1 Wende die Schritte [1], [4] und [5] vom Textknacker an.

→ Textknacker
[1] die Bilder
[4] die Schlüsselwörter
[5] die Worterklärungen

Die Verlegung von Paneelen

1

- den Raum mit Dampfsperre und Trittschalldämmung auslegen

2

- das erste **Paneel*** an der Wand ausrichten und mit den **Abstandskeilen** fixieren**

3

- das nächste Paneel schräg einhebeln und beide Paneele mit dem **Hammer** und dem **Schlagklotz** zusammenklopfen

4

- das letzte Paneel in der Reihe mit einem **Zollstock** ausmessen
- mit einem **Bleistift** und einem **Winkel** das Paneel anzeichnen

5

- das Paneel mit der elektrischen **Stichsäge** oder der **Handkreissäge** zusägen

6
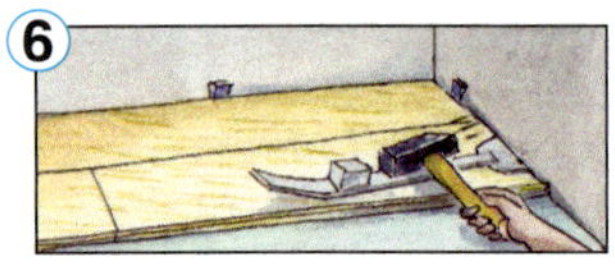

- das letzte Paneel in der Reihe einklicken und mit dem **Zugeisen** einklopfen
- die komplette Reihe mit Abstandskeilen fixieren …

* das Paneel, die Paneele: die Holztafel zum Verkleiden von Böden und Wänden

** befestigen

2 Was beschreibt die Anleitung? Nenne das Thema in einem Satz.

____

**In der Anleitung stehen Wörter, die Eral nicht kennt.
Er schlägt von manchen die Bedeutung in einem Lexikon nach.**

3 a) Schlage im Lexikon nach, was die Fachwörter bedeuten.
b) Schreibe ihre Bedeutung auf.

die Handkreissäge: ______________________________

der Winkel: ______________________________

Auf dem Bau

De Meister möchte in einer Wohnung Paneele verlegen. Eral legt die benötigten Werkzeuge, Maschinen und Arbeitsmaterialien bereit.

4 Welche Werkzeuge, Maschinen und Arbeitsmaterialien legt Eral bereit? Schreibe zu jedem Bild die richtige Bezeichnung.

 ____________________

 ____________________

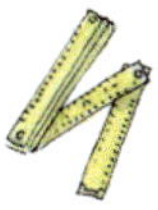 ____________________

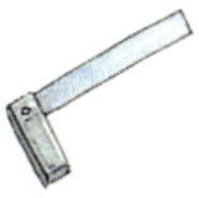 ____________________

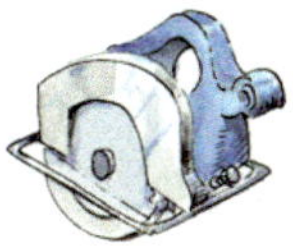 die Handkreissäge

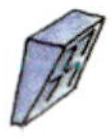 ____________________

 ____________________

 ____________________

 ____________________

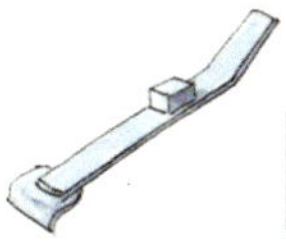 ____________________

Eral möchte wissen, wozu man die Werkzeuge, Maschinen und Arbeitsmaterialien benutzt. Er liest die Anleitung noch einmal.

6 a) Lies die Anleitung von Seite 8 noch einmal.
b) Vervollständige die Sätze.

Um die Paneele zu fixieren, verwendet man ____________________.

Beim Zusammenklopfen der Paneele helfen ____________________

und ____________________.

Zum Ausmessen der Paneele benutzt man ____________________.

Muss ein Paneel gekürzt werden, so sägt man mit ____________________

oder ____________________.

Möchte man das letzte Paneel in der Reihe einklopfen,

so verwendet man ____________________.

Auf dem Bau

Am nächsten Tag darf Eral mit dem Meister in einer Wohnung die Wände tapezieren. Das tun sie:

Zuerst vermessen der Meister und Eral die Wände mit einem Meterstab. Danach bauen sie den Tapeziertisch auf. Eral packt die Tapeten aus und legt eine Tapetenrolle auf den Tapeziertisch. Der Meister schneidet die Tapetenbahnen mit dem Tapetenmesser passend zu. Anschließend kleistert Eral die Wände mit Tapetenkleister ein. Der Meister steigt auf die Leiter und klebt die Vliestapeten* an die Wände.

* eine Tapete, die man nicht einkleistern muss

Zum Tapezieren benötigt man bestimmte Werkzeuge und Arbeitsmaterialien.

1 a) Markiere im Text alle Werkzeuge und Arbeitsmaterialien.
b) Schreibe die Fachwörter mit Artikel auf.

der Meterstab, ______

______

2 Was ist ein Meterstab? Und wozu braucht man das Tapetenmesser? Vervollständige die Sätze.

Ein Tapeziertisch ist ein Tisch, auf dem ______

______

Ein anderes Wort für Meterstab ist ______

Mit einem Tapetenmesser kann man ______

______

→ die Tapete, ausrollen, zuschneiden

der Zollstock

Tapetenrollen trennen, gewünschte Länge

3 Wie tapeziert man Wände? Beschreibe den Vorgang. Beachte dabei die Checkliste **Einen Vorgang beschreiben**. Schreibe in dein Heft.

→ Checkliste Umschlag vorn

Auf dem Bau

Eral weiß, was seine Stärken sind. Deshalb will er eine Lehre in einer Baufirma machen.
Für seine Bewerbung überlegt sich Eral zu jeder Stärke eine Tätigkeit aus seiner Praktikumszeit.

1 Lies die Stärken von Eral in der ersten Spalte der Tabelle.

Stärken von Eral	Beispiele von Tätigkeiten
Belastbarkeit – Kraft und Ausdauer haben – kräftig und fest zuschlagen	
handwerkliches Geschick – mit Werkzeug umgehen – mit kleinen Dingen in den Händen arbeiten	
Sorgfalt – genau zeichnen – ordentlich arbeiten	
Mathematik – messen und Maße ablesen – richtig rechnen	

2 a) Überlege, welches Beispiel Eral zu jeder Stärke schreiben könnte.
b) Trage in die zweite Spalte der Tabelle ein.
Es gibt verschiedene Möglichkeiten.

eine Säge benutzen — eine Tapete an die Wand hängen
Wände einkleistern — eine Tapete zuschneiden — einen Hammer benutzen
Maße einzeichnen und ablesen — Dübel und Schrauben anbringen
mit dem Zollstock arbeiten und Wände ausmessen
schweres Material tragen — eine Bohrmaschine benutzen
die benötigte Menge an Tapetenrollen ausrechnen

3 Meinst du, dass du für einen Beruf in einer Baufirma geeignet bist?
Begründe. Schreibe mindestens 6 Sätze in dein Heft.
Verwende die Stärken und Beispiele aus Aufgabe 1.
Für einen Beruf in einer Baufirma bin ich geeignet, weil ich gut …
Für einen Beruf in einer Baufirma bin ich nicht geeignet, weil ich nicht so gut …

Berufsorientierung: die eigenen Stärken

Stärken formulieren

David wird nach der 9. Klasse die Schule verlassen. Mit seiner Berufsberaterin spricht er über seine Ausbildungschancen. Die Beraterin fragt, was David gut kann und was er noch nicht so gut kann.

David antwortet: „In der Schule habe ich beim Werken mit Holz sehr gute Noten. Ich kann geschickt mit den Werkzeugen umgehen und sehr genau arbeiten. Einmal durfte ich mir selbst überlegen, was ich bauen könnte. Leider fiel mir nichts ein, weil ich nicht sehr **kreativ** bin. Mit Leuten reden kann ich nicht so gut, also arbeite ich lieber alleine. Deshalb sagt mein Lehrer, dass ich nicht sehr **teamfähig** bin und daran arbeiten soll. Zu Hause helfe ich meinem Vater oft, etwas zu reparieren. Weil ich **zuverlässig** bin, muss er meine Arbeit nie kontrollieren.

Im Text sind drei Wörter hervorgehoben. Sie bezeichnen Stärken, die in Beruf und Alltag wichtig sind.

1 Was bedeuten die drei Wörter? Ergänze.

Wer gut mit anderen zusammenarbeiten kann, ist ______________________.

Wer viele eigene Ideen hat, ist ______________________.

Jemand, auf den man sich verlassen kann, ist ______________________.

2 David nennt der Berufsberaterin seine Stärken. Markiere Davids Stärken im Text.

3 a) Welches sind deine eigenen Stärken? Kreuze in der Tabelle an.
b) Was kannst du **gut**? Schreibe Sätze in dein Heft.
Ich kann gut … Außerdem kann ich gut …

Das kann ich	gut	mittelmäßig	nicht so gut
mit anderen zusammenarbeiten	☐	☐	☐
eigene Ideen entwickeln	☐	☐	☐
mit Werkzeugen umgehen	☐	☐	☐
Rechenaufgaben lösen	☐	☐	☐
einen Text schreiben	☐	☐	☐
mit dem PC arbeiten	☐	☐	☐
sorgfältig arbeiten	☐	☐	☐

Stärken mit einem Berufsbild abgleichen

David erzählt der Berufsberaterin, dass er sich für den Beruf Frisör interessiert. Die Beraterin zeigt ihm ein Informationsblatt zu diesem Beruf.

(1)

Frisör/-in

So solltest du sein:	Das solltest du können:
kreativ	geschickt mit den Händen arbeiten
teamfähig	Menschen beraten
an Mode interessiert	sorgfältig arbeiten

1 Ist der Beruf **Frisör** für David geeignet?

a) Vergleiche die Stärken von David mit den Anforderungen an einen Frisör.

Diese Anforderungen erfüllt David:

Diese Anforderungen erfüllt David noch nicht:

b) Was würdest du David raten? Begründe deine Meinung.

Für jeden Beruf sind andere Stärken wichtig.

(2)

Tischlerfachwerker/-in

So solltest du sein:	Das solltest du können:
geschickt	mit Holz arbeiten
sorgfältig	mit Werkzeugen umgehen
zuverlässig	Sicherheitszeichen lesen

(3)

Fachverkäufer/-in im Bäckerhandwerk

So solltest du sein:	Das solltest du können:
kontaktfähig	mit Nahrungsmitteln arbeiten
freundlich	gut rechnen
ordentlich	Menschen beraten

2 Welcher der 3 vorgestellten Berufe könnte für dich in Frage kommen? Bearbeite die folgende Aufgabe in deinem Heft.

a) Schreibe zu jedem der Berufe auf, welche Anforderungen du erfüllst und welche noch nicht. Gehe vor wie in Aufgabe 1.
Diese Anforderungen erfülle ich: …
Diese Anforderungen erfülle ich noch nicht: …

b) Entscheide dann, ob der jeweilige Beruf für dich in Frage kommt. Begründe deine Meinung.
Der Beruf … kommt für mich in Frage, weil ich gut … Außerdem bin ich …

Berufsorientierung: die Bewerbung

Eine Bewerbung schreiben: die Form

Sebastian bewirbt sich um einen Ausbildungsplatz als Gartenbauwerker.

der Absender .... Sebastian Stern
Himmelgeister Str. 120
33129 Delbrück

Delbrück, 08.05.2011 .... der Ort, das Datum

*
*
*
*
*

die Adresse .... Gärtnerei Sonntag
Hauptstr. 34
33129 Delbrück
*
*
*
*
*

der Betreff .... **Bewerbung um einen Ausbildungsplatz**
*
*

die Anrede .... Sehr geehrte Damen und Herren,
*

der Textblock .... ① gerne möchte ich mich in Ihrer Gärtnerei um einen Ausbildungsplatz als Gartenbauwerker bewerben.
*

② Zurzeit besuche ich die 9. Klasse der Fröbel-Schule in Delbrück. Ich werde sie voraussichtlich im Juni 2011 erfolgreich abschließen.
*

③ Ich interessiere mich für Pflanzen und arbeite gern in der Natur. In meiner Freizeit helfe ich zu Hause oft im Garten. Ich bin handwerklich geschickt und kenne viele Blumen und Pflanzen. Das zeigen auch meine guten Leistungen im Fach Biologie.

④ Während eines Praktikums bei einem Gemüselandwirt habe ich Ableger gezüchtet und gepflegt. Die Arbeit hat mich in meinem Berufswunsch bestärkt.
*

⑤ Ich freue mich über eine Einladung zu einem persönlichen Gespräch.
*

der Gruß .... Mit freundlichen Grüßen

die Unterschrift .... *Sebastian Stern*

die Anlagen .... **Anlage:** Lebenslauf, Praktikumsbescheinigung

Bei einem Bewerbungsschreiben ist wichtig, was und in welcher Reihenfolge du schreibst.

1 Was schreibt Sebastian im **Textblock** seiner Bewerbung? Nummeriere die Inhalte in der richtigen Reihenfolge.

◯ die Begründung der Berufswahl

◯ die Wiederholung des Betreffs

◯ die Bitte um ein persönliches Gespräch

◯ die Interessen und Stärken

◯ die Angaben zur Schule und zum Schulabschluss

Eine Bewerbung schreiben: der Textblock

**Nadine wünscht sich einen Ausbildungsplatz als Verkäuferin.
Sie informiert sich bei der Arbeitsagentur, worauf es in dem Beruf ankommt.**

Beruf Verkäufer/-in: worauf es ankommt

Kommunikationsfähigkeit ist z. B. beim Führen von Verkaufs- und Beratungsgesprächen erforderlich. Außerdem ist **Sorgfalt** wichtig, denn Verkäufer/-innen müssen fehlerfrei kassieren und gelieferte Waren genau kontrollieren. **Mathematikkenntnisse** sind wichtig, um z. B. Preise und Rabatte zu berechnen. **Deutsch** ist insbesondere für die Kundenberatung notwendig.

1 Was muss man als Verkäuferin gut können? Wie soll man sein? Markiere im Text.

**Im Bewerbungsschreiben für einen Ausbildungsplatz musst du deine Eignung für die Ausbildung gut vermitteln.
Deshalb überlegt Nadine, was sie gut kann und wie sie ist.**

Das kann ich:

- *mit Werkzeug umgehen*
- *etwas erklären*
- *im Internet recherchieren*
- *gut rechnen*

So bin ich:

- *freundlich zu anderen Menschen*
- *teamfähig*
- *ordentlich*
- *handwerklich geschickt*

2 a) Welche Stärken passen besonders gut zum Berufswunsch von Nadine? Markiere.
b) Welche Stärken sind für den Berufswunsch eher unwichtig? Streiche durch.

3 Wie kann Nadine ihre Eignung für den Ausbildungsplatz als Verkäuferin vermitteln? Schreibe Sätze für den Textblock im Bewerbungsschreiben. Verwende dein Ergebnis von Aufgabe 2.

Die eigene Bewerbung schreiben

Auch du kannst im Textblock von deinem Bewerbungsschreiben deine Eignung für die Ausbildung vermitteln.

1 a) Was ist dein Wunschberuf? ______________________

b) Informiere dich, was du in deinem Wunschberuf gut können musst.

→ bei der Agentur für Arbeit, im BIZ, im Internet, …

2 a) Sieh dir noch einmal deine Stärken auf Seite 12 an.
b) Vergleiche: Welche davon passen zu deinem Wunschberuf? Schreibe Stichworte auf.

____

____

Du kannst nun ein ganzes Bewerbungsschreiben für deinen Ausbildungswunsch entwerfen. Die folgenden Sätze und Satzmuster helfen dir dabei.

3 a) Wähle Sätze und Satzmuster aus, die für dich zutreffen. Markiere sie.

Bewerbung um einen Ausbildungsplatz als …
Bewerbung um die Stelle als … – Ihre Anzeige vom … in …

Sehr geehrte Damen und Herren,
Sehr geehrter Herr…, Sehr geehrte Frau …,

durch eine Zeitungsanzeige bin ich auf Ihren Betrieb aufmerksam geworden.
auf der Suche nach einem Ausbildungsplatz bin ich auf Ihre Internetseite gestoßen.
bei einer Betriebsbesichtigung hatte ich die Gelegenheit, … kennen zu lernen.

Hiermit möchte ich mich bei Ihnen für … als … bewerben.
Anbei erhalten Sie meine Bewerbungsunterlagen für eine Ausbildung als …

Zurzeit besuche ich die 9. Klasse in der Schule … und werde voraussichtlich im … den Schulabschluss erhalten.
Ich bin Schüler der Schule … und besuche zurzeit die neunte Klasse.

Ich wünsche mir eine Ausbildung als …, weil …
Meine Kenntnisse in … kann ich dabei gut anwenden.

Über ein persönliches Vorstellungsgespräch würde ich mich sehr freuen.
Ich würde mich über eine Einladung zum Vorstellungsgespräch sehr freuen.

Mit freundlichen Grüßen

b) Schreibe die markierten Sätze und Satzmuster auf ein Blatt.
c) Ordne das Blatt in deinen **Berufswahlordner** ein.

Die eigene Bewerbung schreiben

4 Schreibe das ganze Bewerbungsschreiben.
Wende den Schritt **2** vom Schreibprofi an.
Verwende die Informationen von Seite 16.

→ Schreibprofi Klappe vorn

der Absender ....

der Ort, das Datum ....

die Adresse ....

der Betreff ....

die Anrede ....

der Textblock ....

der Gruß ....

die Unterschrift ....

die Anlagen ....

5 Überarbeite mit Hilfe der Checkliste **Eine Bewerbung schreiben**.

→ Checkliste Umschlag vorn

6 a) Schreibe dein überarbeitetes Bewerbungsschreiben mit dem PC.
b) Drucke dein Bewerbungsschreiben aus.
c) Ordne das Bewerbungsschreiben in deinen **Berufswahlordner** ein.

Berufsorientierung: der Lebenslauf

Besondere Kenntnisse und Interessen

Wenn du dich für einen Ausbildungsplatz bewirbst, schreibst du einen Lebenslauf. Im Lebenslauf stehen wichtige Informationen über dich.

1 a) Was gehört nicht in einen Lebenslauf? Streiche durch.
b) In welcher Reihenfolge stehen die anderen Informationen im Lebenslauf? Nummeriere.
c) Vergleiche mit der Checkliste **Einen Lebenslauf schreiben.**

→ Checkliste Umschlag vorn

- ◯ der Ort, das Datum
- ◯ Persönliche Daten
- ◯ die Körpergröße
- ◯ Schulbildung
- ◯ die Überschrift Lebenslauf
- ◯ die Konto-Nummer
- ◯ die Unterschrift
- ◯ Außerschulische Kenntnisse und Interessen

Es ist wichtig, auch im Lebenslauf unter Kenntnisse und Interessen deine Eignung für den Wunschberuf zu vermitteln.

2 Was sind deine **besonderen Kenntnisse**?

a) Kreuze an.
b) Ergänze weitere.

- ☐ Pflanzenpflege
- ☐ tapezieren
- ☐ Möbel montieren
- ☐ mit Werkzeug umgehen
- ☐ etwas verkaufen
- ☐ Gemüse dünsten

3 Was sind deine **Interessen (Hobbys)**? Schreibe auf.

Zu jedem Beruf passen manche Kenntnisse und Interessen besonders gut.

4 a) Schreibe deinen Wunschberuf auf.
b) Überlege, welche deiner Kenntnisse und Interessen von Aufgabe 2 und 3 besonders gut zu deinem Wunschberuf passen.
c) Schreibe diese Kenntnisse und Interessen auf.

Kenntnisse: __________

Interessen: __________

Den eigenen Lebenslauf schreiben

5 Schreibe deinen Lebenslauf. Verwende auch dein Ergebnis von Aufgabe 4.

Lebenslauf

Persönliche Daten:

Name: ____________________

Anschrift: ____________________

____

Geburtsdatum: ____________________

Schulbildung:

_____ – _____ ____________________

_____ – _____ ____________________

Schulabschluss: ____________________

Praktika: ____________________

____

Außerschulische Kenntnisse und Interessen:

Kenntnisse: ____________________

____

Hobbys: ____________________

____

____________________, ____________________

der Ort, das Datum — deine Unterschrift

6 Überarbeite. Wende den Schritt **3** vom Schreibprofi an.

→ Schreibprofi Klappe vorn

7 a) Schreibe deinen überarbeiteten Lebenslauf am PC.
b) Drucke deinen Lebenslauf aus.

BVJ, BIZ, bzw.

Abkürzungen aus Beruf und Alltag verstehen

Abkürzungen erleichtern die Arbeit beim Schreiben. Man kann Dinge schnell aufschreiben und trotzdem weiß jeder, was gemeint ist.

Martin liest am Aushang in der Schule folgendes Plakat:

Unsere Schule organisiert im BIZ die Berufsberatung für die Schulabgänger. Hier kann sich jeder zukünftige Azubi über Ausbildungsmöglichkeiten informieren. Es gibt verschiedene Wege, eine Ausbildung zu beginnen. Einige Schulabgänger besuchen ein BVJ oder absolvieren ein FSJ. Andere werden sofort in die BS gehen, weil sie schon genaue Vorstellungen von ihrem Beruf haben.

1 a) Welche Abkürzungen stehen auf dem Plakat? Markiere.
b) Wofür stehen die Abkürzungen? Ordne zu.

das Berufsinformationszentrum – __________

der Auszubildende – __________

das Berufsvorbereitungsjahr – __________

die Berufsschule – __________

das freiwillige soziale Jahr – __________

Martin informiert sich im BIZ über seinen Wunschberuf.

Kurzbeschreibung: Fachlagerist/-in

Ein Fachlagerist muss Güter annehmen und per EDV in einem betrieblichen Datenerfassungssystem speichern. Er sortiert die Güter und lagert sie sachgerecht. Bei Lebensmitteln beispielsweise muss er regelmäßig das MHD kontrollieren. Für den Versand verpackt der Fachlagerist die Güter und belädt den LKW. Dabei muss er Sicherheitsvorschriften und die GGV beachten. Das sind Bestimmungen für den Transport von gefährlichen und explosiven Gütern.

2 a) Welche Abkürzungen stehen in der Kurzbeschreibung? Markiere.
b) Wofür stehen die Abkürzungen? Ordne zu.

die elektronische Datenverarbeitung – __________

der Lastkraftwagen – __________

das Mindesthaltbarkeitsdatum – __________

die Gefahrgutverordnung – __________

Abkürzungen aus Beruf und Alltag verstehen

Martin hat sich ausführlich informiert und einen Betrieb gefunden, in dem er ein Praktikum machen kann. Der Meister zeigt ihm die Werkhallen.

Meister: „Hier siehst du eine unserer Werkhallen. Wir haben viele Werkzeugmaschinen. Sie tragen die Aufschriften CNC, CAD und CAM."

Martin: „Was bedeutet das?"

Meister: „Es bedeutet, dass die Maschinen durch Computer unterstützt werden und verschiedene Arbeitsschritte nacheinander ausführen."

3 Welche Aufschriften tragen die Maschinen? Markiere die Abkürzungen.

Martin lernt die vollständigen Namen der Maschinentypen kennen. Die Namen kommen aus dem Englischen.

4 a) Markiere in jedem Wort der Maschinentypen den ersten Buchstaben.
b) Ordne die Abkürzungen aus dem Text den Maschinentypen zu.

Computer-aided manufacturing – ________ Computer-aided design – ________

Computerized numerical control – ________

Der Meister erklärt, wozu eine CNC-Maschine benutzt wird.

CNC-Maschine

Meister: „Mit einer CNC-Maschine kann gefräst und gedreht werden. Zum Drehen und zum Fräsen braucht man verschiedene Computerprogramme. Dabei müssen die DIN-Normen beachtet werden."

5 Was bedeutet **DIN**?

a) Schlage die Abkürzung im Wörterbuch nach.
b) Schreibe die Abkürzung und ihre Bedeutung auf.

________ – ________________________________

6 Gestalte dein eigenes Lexikon für Abkürzungen.

a) Schreibe als Überschrift **Abkürzungen aus der Berufswelt** auf ein Blatt.
b) Schreibe von Seite 20 und 21 alle Abkürzungen und ihre Bedeutung untereinander auf.
c) Hefte das Blatt in deinen **Lebensordner**.

Abkürzungen aus der Berufswelt
...

Abkürzungen aus Beruf und Alltag verstehen

Tamara und Martin haben beim Besuch im BIZ Notizen gemacht.
Sie haben Abkürzungen verwendet, weil sie so schneller schreiben konnten.

eine hauswirtschaftliche Ausbildung

- *Ausbildung in Großküche od. Kantine möglich*
- *Rezepte lesen u. Speisen vorbereiten*
- *gute Kenntnisse v.a. in Mathematik und Deutsch wichtig*

eine Ausbildung als Zerspanungsmechaniker

- *Arbeit z.B. im Maschinen-, Werkzeug- und Fahrzeugbau*
- *u.a. Spezialisierung auf bestimmte Maschinen möglich*
- *gute Chance ggf. einen Arbeitsplatz zu finden*

1 a) Welche Abkürzungen haben Tamara und Martin verwendet? Markiere auf den Notizzetteln.

b) Schreibe die Abkürzungen auf.

od. – ______   ______ – ______

______ – ______   ______ – ______

______ – ______   ______ – ______

c) Finde in der Wörterliste oder im Wörterbuch, wofür die Abkürzungen stehen.

→ Wörterliste S. 94–96

d) Schreibe die Wörter und Wortgruppen hinter die Abkürzungen.

Du weißt nun, was die Abkürzungen bedeuten.
Jetzt kannst du die Notizen von Tamara und Martin verstehen.

2 Beantworte die Fragen. Schreibe Sätze auf.

a) Worauf kann sich ein Zerspanungsmechaniker u.a. spezialisieren?

______

______

______

b) Worin sollte eine Hauswirtschaftshelferin v.a. gute Kenntnisse haben?

______

______

______

Abkürzungen aus Beruf und Alltag verstehen

Im Alltag begegnen dir noch mehr Abkürzungen.
Abkürzungen sind einheitliche Festlegungen und allgemein gültig.

1 Welche Abkürzung gehört zu welcher Wortgruppe? Verbinde.

und vieles andere mehr	u. Ä.
unter anderem	u. a.
und Ähnliches	u. v. a.
und vieles andere	u. v. a. m.

2 Wie bist du zu deinem Ergebnis gekommen? Schreibe auf.

3 Auch diese Abkürzungen werden häufig verwendet:

usw. d. h. dgl. z. T. z. Zt. bzw. bes. allg.

a) Schlage die Abkürzungen in der Wörterliste oder im Wörterbuch nach.

→ Wörterliste S. 94–96

b) Schreibe die Abkürzungen und ihre Bedeutung auf.

usw. – ______   ______ – ______
______ – ______   ______ – ______
______ – ______   ______ – ______
______ – ______   ______ – ______

4 Ergänze dein Lexikon für Abkürzungen.

a) Schreibe als Überschrift **Allgemeine Abkürzungen** auf ein Blatt.
b) Schreibe von Seite 22 und 23 alle Abkürzungen und ihre Bedeutung untereinander auf.
c) Hefte das Blatt in deinen **Lebensordner**.

Allgemeine Abkürzungen
...

Einen Tagesbericht schreiben

Stichworte aufschreiben

Fabian macht ein Praktikum als Arbeiter bei einer Gebäudereinigung.
Die Bilder zeigen einen Praktikumstag von Fabian.
Fabian möchte über diesen Tag einen Tagesbericht schreiben.
Zuerst schreibt er seine Tätigkeiten in Stichworten auf.

1 Schreibe Stichworte zu den einzelnen Tätigkeiten auf.

→ fegen, füllen, leeren, polieren, reinigen, holen, wischen, entfernen, schieben, aufräumen

1

die Putzmittelflaschen füllen

2

3

4

5

6

7

8

9

10

Verben im Präteritum – Sätze bilden

Für seinen Tagesbericht muss Fabian die Verben in der Vergangenheit (Präteritum) schreiben.

2 a) Schreibe alle Verben von Seite 24 in der Grundform (Infinitiv) auf.
b) Bilde die Verben in der Vergangenheit (Präteritum). Schreibe wie im Beispiel auf.

füllen – ich füllte

Mit Hilfe der Stichworte und der Verben im Präteritum möchte Fabian nun Sätze bilden.

3 Schreibe Sätze auf.

Zuerst füllte ich

4 Wende Schritt **3** vom Schreibprofi an.
Lies deine Sätze einer Partnerin/einem Partner vor.

→ Schreibprofi Klappe vorn

a) Kann deine Partnerin/dein Partner die Sätze verstehen?
b) Hast du vollständige Sätze geschrieben?

Einen Tagesbericht überarbeiten

Fabian hat einen Tagesbericht geschrieben. Nun möchte er ihn prüfen.

Achtung Fehler

<u>Praktikum als Arbeiter bei der Gebäudereinigung</u>

Name: Fabian Meier

Dienstag, 7. September 2010

Heute arbeite ich in einem Bürogebäude. Das Bürogebäude hat eine schöne gelbe Farbe. Am Nachmittag putze ich die Fensterrahmen und poliere die Fensterscheiben. Das Putzmittel war rosa und roch komisch. Am Vormittag reinige ich den Flur. Ich fege zuerst den Flur und entferne Papier vom Boden. Dann wische ich den Flur. Um 16 Uhr habe ich Feierabend und ich gehe nach Hause.

1 a) Welche Punkte der Checkliste hat Fabian beachtet? Kreuze an.

Checkliste: einen Tagesbericht schreiben	ja	noch nicht
der Vorname und der Nachname	☐	☐
das Datum	☐	☐
die richtige Reihenfolge	☐	☐
das Wesentliche vom Tag	☐	☐
Verben im Präteritum	☐	☐

b) An welchen Stellen muss Fabian den Tagesbericht überarbeiten? Verbessere im Text.

2 Schreibe den verbesserten Tagesbericht in dein Heft.

Praktikum als Arbeiter bei der Gebäudereinigung
Name: Fabian Meier
Dienstag, 7. September 2010
...

Extra: Einen Tagesbericht schreiben und überarbeiten

Am nächsten Tag im Praktikum durfte Fabian ein Büro putzen.
Die Bilder zeigen den Praktikumstag von Fabian.

→ entfernen, saugen, tragen, nehmen, abwischen

1 Was machte Fabian? Schreibe Stichworte auf.

2 Schreibe für Fabian einen Tagesbericht.
Wende Schritt **2** vom Schreibprofi an.

→ Schreibprofi Klappe vorn

Name: Fabian Meier

Mittwoch, 8. September 2010

3 Überarbeite. Wende Schritt **3** vom Schreibprofi an.

a) Kann ich meine Wörter oder Sätze lesen und verstehen?

b) Ich prüfe den Tagesbericht mit der Checkliste **Einen Tagesbericht schreiben**.

→ Schreibprofi Klappe vorn

→ Checkliste Umschlag vorn

Der Abschlussbericht

Ein Praktikum bei einem Umzugsunternehmen

Ralf hat ein Praktikum bei einem Umzugsunternehmen gemacht. Jeden Tag hat er sich für seinen Abschlussbericht Stichworte aufgeschrieben.

Montag, 26. 04. 10:
lernte alle Mitarbeiter im Umzugsunternehmen Kühne kennen – zehn Männer, der Chef und eine Sekretärin – den Lagerraum für die Umzugskartons angesehen – Arbeitszeit von 7.30–16.00 Uhr – bin gespannt auf den ersten Umzug

Dienstag, 27. 04. 10:
zusammen mit dem Chef die Wohnung eines Kunden besichtigt – alle Möbelstücke in der Wohnung aufgeschrieben – das Kundengespräch machte Spaß und gefiel mir gut

Mittwoch, 28. 04. 10:
ein Kollege zeigte mir, wie man ein Angebot schreibt: Wie viele Mitarbeiter werden für den Umzug gebraucht? – ich durfte die Kartonmenge berechnen, Fehler gemacht – der Chef half mir – ein Angebot schreiben ist schwer

Donnerstag, 29. 04. 10:
der Umzugstag – Bücher in Kartons gepackt – die Kartons in den LKW geladen – musste oft die Treppen hochlaufen und schwer tragen – war abends sehr müde, aber stolz

Freitag, 30. 04. 10:
die Möbel und die Kartons ausgeladen – in die neue Wohnung getragen: die Zettel an den Zimmertüren halfen beim Zuordnen der Kartons – bei der Möbelmontage* geholfen – das gefiel mir gut – der Chef lobte mich für meine Arbeit

* das Aufstellen und Zusammenbauen der Möbel

Ralf hat verschiedene Tätigkeiten im Umzugsunternehmen kennen gelernt.

1 Welche 8 Tätigkeiten durfte Ralf während des Praktikums machen? Markiere in Ralfs Stichworten blau.

Jeden Tag hat Ralf außerdem eine Bewertung aufgeschrieben, was ihm gefiel oder was er noch nicht so gut konnte.

2 Markiere in Ralfs Stichworten seine persönlichen Eindrücke rot.

Ein Praktikum bei einem Umzugsunternehmen

Ralf möchte mit Hilfe der Stichworte den Abschlussbericht für sein Praktikum schreiben. Ein Abschlussbericht hat verschiedene Bestandteile.

Zuerst schreibt Ralf auf, wann und wo er sein Praktikum gemacht hat.

3 Schreibe für Ralf den Abschlussbericht.
Ergänze die Lücken.

Praktikumsbericht von Ralf Bohr

Zeitraum des Praktikums: vom ____________ bis ____________

Tägliche Arbeitszeit: von ____________ bis ____________ Uhr

Ort des Praktikums: ________________________________

Vorgesetzte und andere Mitarbeiter in der Firma: ____________________

____

Dann schreibt Ralf auf, welche Tätigkeiten er in der Firma kennen lernte.

4 Schreibe für Ralf, welche Tätigkeiten er kennen lernte.
Verwende dein Ergebnis von Aufgabe 1. Schreibe Sätze auf.

Meine Tätigkeiten in der Firma:

Jch besichtigte ________________________________

____

____

____

____

____

____

Das Praktikum auswerten

In einem Abschlussbericht steht auch eine Bewertung des Praktikums. Bevor Ralf die Bewertung schreibt, erinnert er sich an alle Tätigkeiten. Vieles gefiel ihm gut, manches gefiel ihm nicht so gut.

1 a) Lies die Stichworte von Ralf.
b) Ergänze die folgenden Stichworte. Ordne zu. → Seite 28

die Wünsche der Kunden erfüllen ein Angebot schreiben die Montage der Möbel

☺ *Das gefiel mir gut:*
- *die Arbeit im Team*
-
-

☹ *Das gefiel mir nicht so gut:*
- *Arbeitszeiten nicht immer planbar*
- *am Wochenende viel unterwegs*
-

Mit Hilfe der Stichworte möchte Ralf seine persönlichen Eindrücke für den Abschlussbericht aufschreiben.

2 Schreibe für Ralf die Bewertung des Praktikums.
Verwende die Stichworte von Aufgabe 1. Schreibe Sätze auf.
Besonders gefiel mir ...
Es machte mir Spaß, ...
Weniger gut gefiel mir, ...

Meine Bewertung vom Praktikum:

Das Praktikum auswerten

Am Ende des Abschlussberichts soll Ralf aufschreiben, ob er sich den Beruf als Fachwerker für Umzugsservice vorstellen könnte. Er vergleicht seine persönlichen Eindrücke mit den Anforderungen des Berufs.

1 Lies im Text, worauf es beim Fachwerker für Umzugsservice ankommt.

Fachwerker/-in für Umzugsservice: worauf es ankommt

☐ Der Transport und die Montage von Möbeln erfordert **Sorgfalt**.
☐ Bei Montagearbeiten sind Erfahrungen in **Werken und Technik** hilfreich.
☐ Für die Arbeit in einer Gruppe ist **Teamfähigkeit** wichtig.
☐ Für den Umgang mit Kunden sollte man **Kunden- und Serviceorientierung** mitbringen.
☐ Die wechselnden Bedingungen bei den Kunden verlangen **Flexibilität***.

* die Anpassungsfähigkeit

2 a) Vergleiche die Anforderungen an einen Fachwerker für Umzugsservice mit Ralfs Notizen auf Seite 30.
b) Hake ab, welche 3 Anforderungen Ralf auf jeden Fall erfüllt.

Ralf kann sich eine Ausbildung als Fachwerker für Umzugsservice vorstellen. Er begründet dies im letzten Teil des Abschlussberichts.

3 Schreibe für Ralf den letzten Teil des Abschlussberichts.
Mein Praktikum gefiel mir gut, weil …
An dem Beruf gefällt mir, dass …
Ich könnte es mir vorstellen, als … zu arbeiten, weil …
Für meinen Berufswunsch muss ich mich in … verbessern.

Die Auswertung vom Praktikum:

Extra: Ein Praktikum als Hauswirtschaftshelferin

Kristin hat ein Praktikum als Hauswirtschaftshelferin bei einer Familie gemacht. Für ihren Abschlussbericht schreibt sie Stichworte auf.

Montag, 3.5.10:
lernte die Familie kennen: Frau Stock, Herr Stock, 2 Kinder, die Haushaltshilfe Frau Freese – Frau Freese erklärte die Aufgaben im Haushalt – Arbeitszeit von 7–15 Uhr – freue mich auf die Küchenarbeit

Dienstag, 4.5.10:
die Schulbrote für die Kinder geschmiert – die Betten gemacht – nachmittags die Kinderzimmer aufgeräumt – das machte keinen Spaß

Mittwoch, 5.5.10:
die Schulbrote geschmiert – die Küche gewischt – saugen finde ich leichter – Gemüse für das Mittagessen geputzt – die Wäsche gewaschen

Donnerstag, 6.5.10:
großer Putztag – zuerst die Betten gemacht – dann alle Fenster im Haus geputzt – für Gäste den Tisch schön dekoriert – das gefiel mir gut

Freitag, 7.5.10:
die Wäsche gewaschen – Hemden gebügelt – gar nicht so einfach, musste viel Geduld haben – die Zimmerpflanzen gepflegt

→ Abschied von der Familie fiel schwer, werde sie vermissen

→ als Haushaltshilfe zu arbeiten bedeutet mehr Arbeit als ich dachte

Kristin hat Tätigkeiten einer Hauswirtschaftshelferin kennen gelernt.

1 a) Welche 3 Tätigkeiten machte Kristin mehrmals? Markiere in Kristins Stichworten blau.
b) Schreibe diese 3 Haupttätigkeiten auf.

2 Welche 7 Tätigkeiten machte Kristin nur einmal? Schreibe auf.

3 Markiere in Kristins Stichworten ihre persönlichen Eindrücke rot.

Extra: Ein Praktikum als Hauswirtschaftshelferin

Mit Hilfe der Stichworte möchte Kristin den Abschlussbericht schreiben.

4 Schreibe den Abschlussbericht für Kristin.

Abschlussbericht von Kristin Kühne

Wann? … Zeitraum des Praktikums: vom _______________ bis _______________

Tägliche Arbeitszeit: von _______________ bis _______________ Uhr

Wo? … Ort des Praktikums: _______________

Vorgesetzte und Mitarbeiter in der Familie: _______________

____

Welche Tätigkeiten? … Meine 3 Haupttätigkeiten in der Familie:

____

____

____

Was machte Spaß? … _______________

____

Was gefiel weniger gut? … _______________

____

Welchen Einfluss hat das Praktikum auf den Berufswunsch? … _______________

____

____

In jeden Abschlussbericht gehören bestimmte Informationen. Du kannst dir für deinen eigenen Abschlussbericht eine Checkliste schreiben.

5 a) Schreibe eine Checkliste zum Abschlussbericht.
Denke an
– alle Informationen,
– die Reihenfolge der Informationen.

b) Ordne die Checkliste in deinen **Berufswahlordner** ein.

Checkliste: der Abschlussbericht	Erledigt?
die Überschrift Abschlussbericht	✓
…	

Speisekarten lesen

Oberbegriffe kennen und verstehen

**Simon macht ein Praktikum als Fachkraft im Gastgewerbe.
Die Chefin zeigt ihm am ersten Tag die Speisekarte.
Simon soll die Speisekarte lesen und verstehen.**

→ Textknacker
Klappe hinten

Speisekarte

Antipasti	
Tomatencremesuppe	3,00 €
Nudelsuppe	3,00 €
Kleiner Salatteller	3,50 €
Melone mit Parmaschinken	4,00 €
Hauptgerichte	
Rindergulasch	8,50 €
Wiener Schnitzel	8,50 €
Vegetarische Gerichte	
Kartoffeltaschen (vegetarisch)	7,50 €
Gemüsepfanne	8,00 €
Beilagen	
Klöße, Kartoffeln, Pommes Frites, Nudeln, Reis	je 2,50 €
Desserts	
Gemischtes Eis (3 Kugeln)	3,50 €
Tiramisu	4,50 €
Obstsalat	4,00 €
Getränke	
Limonade 0,2 l	2,50 €
Apfelsaftschorle 0,2 l	2,00 €
Mineralwasser 0,5 l	3,00 €
Menü	15,00 €
Tomatensuppe	
Gulasch mit Nudeln	
Fruchteis	

**Simon fallen zunächst die Überschriften in der Speisekarte auf.
Einige Begriffe kennt er nicht. Sie sind aus anderen Sprachen übernommen.**

1 a) Finde im Wörterbuch, was die hervorgehobenen Begriffe bedeuten.
b) Schreibe auf.

Das Wort **Antipasti** stammt aus dem Italienischen und bedeutet

______________________________. Gefunden im Wörterbuch Seite: _____

Vegetarische Gerichte enthalten kein

______________________________. Gefunden im Wörterbuch Seite: _____

Ein **Dessert** beendet meist das Essen. Eine andere Bezeichnung ist

______________________________. Gefunden im Wörterbuch Seite: _____

Die Bezeichnung **Menü** stammt aus der französischen Sprache und bedeutet

______________________________. Gefunden im Wörterbuch Seite: _____

Oberbegriffe kennen und verstehen

Eine Speisekarte ist gegliedert.
Sie beginnt meist mit der Vorspeise und endet mit den Getränken.
Aber nicht in jeder Speisekarte stehen dieselben Überschriften.

2 Welche Überschrift steht manchmal für **Vorspeisen** oder **Hauptgerichte**?
Und welche für **Desserts** oder **Getränke**?
Markiere zusammengehörige Überschriften mit der gleichen Farbe.

Vorspeisen | Säfte | Fleischgerichte | Warme Getränke

Hauptgerichte mit Beilagen | Nachspeisen | Suppen | Nachtische

Desserts | Alkoholfreie Getränke | Hauptspeisen

Getränke | Antipasti | Vegetarische Gerichte | Hauptgang

3 a) Unter welcher **Überschrift** findest du in einer Speisekarte die folgenden Speisen? Schreibe auf die Linien.
b) Ergänze zu jeder Überschrift eine weitere Speise.
Du kannst die Speisekarte von Seite 34 verwenden oder dir ein eigenes **Beispiel** überlegen.

Vorspeisen

zum Beispiel: Spargelcremesuppe, Antipasto Mare, ____________________

____

zum Beispiel: Sauerbraten, Rindergulasch, ____________________

____

zum Beispiel: Klöße, Kartoffeln, ____________________

____

zum Beispiel: Pflaumenkompott, Tiramisu, ____________________

Eine Wochenkarte lesen

**Die Gaststätte bietet einen verbilligten Mittagstisch an.
Es stehen immer zwei Essen zur Auswahl. In dieser Woche gibt es:**

→ Textknacker Klappe hinten

Wochenkarte

Wählen Sie zwischen Menü 1 und Menü 2
je Essen 6,80 €

Montag
Ruhetag!

Dienstag
Putensteak mit Pilzrahmsoße und Butterreis und Salat
oder
Rahmschnitzel mit Nudeln und buntem Salatteller

Mittwoch
Allgäuer **Käsespätzle** mit gerösteten Zwiebeln und Salat
oder
Hackbraten mit Nudeln und Salatteller

Donnerstag
Pasta in Tomatensoße mit Oliven und Thymian
oder
Edelgulasch mit Waldpilzen, Rotkraut und Klößen

Freitag
Kabeljaufilet mit Salzkartoffeln und Gemüse
oder
Rigatoni al Forno

1 An welchem Tag ist die Gaststätte geschlossen?

Die Gaststätte ____________________

Simon darf in der Küche beim Salatputzen mithelfen.

2 An welchen Tagen hat Simon vermutlich weniger zu tun, weil bei den Menüs kein Salat vorgesehen ist?

Vermutlich hat Simon am ____________________

und am ____________________

Eine Wochenkarte lesen

Simon darf auch jeden Tag die Beilagen bereitstellen.

3 Welche Beilagen gibt es an welchen Tagen?

a) Markiere die Beilagen auf der Wochenkarte.
b) Kreuze in der Tabelle an.

	Di	Mi	Do	Fr
Reis	☒	☐	☐	☐
Nudeln	☐	☐	☐	☐
Klöße	☐	☐	☐	☐
Kartoffeln	☐	☐	☐	☐

Simon soll die Bestellung bei den Gästen aufnehmen. Auf seinen Block schreibt er nur Stichworte für den Hauptgang. Das geht schneller.

4 Welche Stichworte könnte Simon schreiben?

	Menü 1	Menü 2
Dienstag	Putensteak	
Mittwoch		
Donnerstag		
Freitag		

Ein Gast fragt am Telefon, an welchen Tagen es vegetarisches Essen gibt. Nur gut, dass Simon jetzt weiß, dass vegetarisch fleischloses Essen bedeutet.

5 Was antwortet Simon dem Gast?

„ “

Nach dem Telefonat merkt Simon, dass er bei Rigatoni al Forno nicht ganz sicher ist, ob dieses Essen Fleisch enthält.

6 Wie könnte Simon es erfahren?

In der Pizzeria – eine Speisekarte lesen

Anna geht an ihrem Geburtstag mit ihren Freunden in einer Pizzeria essen.

Speisekarte Pizzeria Napoli

Pasta – Nudelgerichte		
Tortellini Spinaci	(Spinat, Gorgonzola, Sahnesoße)	7,20 €
Penne Arrabbiata	(Peperoni, Napolisoße)	7,20 €
Spaghetti Carbonara	(Speck, Sahnesoße, Eigelb)	5,80 €
Pizza – Hefeteig, belegt		
Salami	(Tomatensoße, Salami, Käse)	5,80 €
Funghi	(Käse, Pilze)	6,10 €
Fleischgerichte		
Rahmschnitzel	(Pilze, Rahmsoße)	8,20 €
Gebratenes Hähnchen	(mit Salat)	10,00 €
Vegetarische Gerichte		
Gemüse-Auflauf	(Gemüse)	7,50 €
Gemüse-Lasagne	(Nudeln, Gemüse, Käse)	8,00 €
Fischgerichte		
Calamari	(gebackene Tintenfischringe)	11,50 €
Frischer Thunfisch	(Thunfisch in Tomatensoße)	12,00 €

→ Textknacker Klappe hinten

1 Welche 2 Gerichte werden als **vegetarische Gerichte** angeboten?

Jeder der vier Freunde möchte etwas anderes essen.

Oleg

Heute möchte ich gerne Hähnchen essen.

Ich möchte am liebsten Pizza essen. Es sollen Pilze darauf sein.

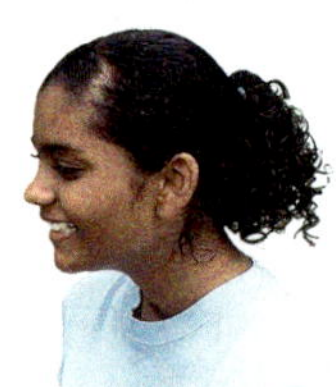

Lisa

Ich mag Pasta sehr gerne. Am liebsten mit scharfen Peperoni.

Anna

Matthias

Ich esse heute Tintenfisch.

2 Welches Gericht kann jeder von der Speisekarte auswählen? Schreibe auf.

Oleg: ____________________ Lisa: ____________________

Anna: ____________________ Matthias: ____________________

In der Pizzeria – einen Kassenbeleg lesen

Nach dem Essen erhält Anna den Kassenbeleg.
Auf jedem Kassenbeleg stehen bestimmte Angaben.

1 Welche Angaben stehen auf dem Kassenbeleg? Nummeriere.

①	Gaststätte „Zum grünen Baum“	
②	Hauptstraße 15, 70186 Stuttgart, Tel. 0711/908070	
	Steuernummer 260732641	
③	Beleg-Nr. vom 8. Mai 2010 19.47 Uhr	
	Es bediente Sie: Frau L. Melzer	
④	Penne Arrabbiata	7,20 €
	Pizza Funghi	6,40 €
	Tintenfischringe (gebacken)	11,50 €
	Rahmschnitzel	8,20 €
⑤	2 x Apfelsaftschorle 0,4 l à 2,20	4,40 €
	Mineralwasser 0,5 l	2,10 €
	Limonade 0,4 l	2,20 €
⑥	Gesamtbetrag	42,00 €
	Gegeben bar	50,00 €
⑦	Rückgeld	8,00 €

Üblicher Zusatz mit MwSt.-Satz und Netto – Betrag

Vielen Dank für Ihren Besuch in unserer Gaststätte.
Wir wünschen Ihnen eine gute Heimfahrt!

- ◯ die einzelnen Speisen
- ◯ die einzelnen Getränke
- ◯ die Adresse der Gaststätte
- (1) der Name der Gaststätte
- ◯ das Datum und die Uhrzeit
- ◯ zu viel bezahlt
- ◯ dies kostet alles zusammen

Anna liest den Kassenbeleg genau. Sie prüft, ob das Wechselgeld stimmt und ob die richtigen Speisen und Getränke berechnet wurden.

2 Welche Getränke müssen die Freunde bezahlen?

______

______

3 Die Freunde wollen zusammen mit einem 50-Euro-Schein bezahlen.

a) Wie viel Geld müssen sie zurückbekommen? ______

b) Wie wird das Wechselgeld auf dem Kassenbeleg bezeichnet? ______

4 Bei einem Essen wurde ein anderer Preis als in der Speisekarte angegeben berechnet.

Der Preis der ______ ist in der Speisekarte anders angegeben.

Eine kurze Geschichte lesen und verstehen

Die Steinsuppe

Die folgende Geschichte handelt von einem Problem und einer ungewöhnlichen Lösung.

1 Lies den ersten Teil der Geschichte. Wende dabei den Textknacker an.

→ Textknacker
1 die Bilder
3 die Abschnitte
4 die Schlüsselwörter

Die Steinsuppe

Es war ein regnerischer und kalter Winter. Der Krieg war gerade zu Ende gegangen und viele Menschen hatten kaum etwas zu essen. Wer noch etwas zu Essen hatte, der wollte nicht teilen. An einem besonders kalten Tag kam ein alter Mann in ein Dorf. Er hatte seit Tagen nichts mehr gegessen. Von großem Hunger getrieben, ging der alte Mann von Haus zu Haus und bat um Essen. „Wir haben keinen Bissen!", antwortete man ihm. „Frag woanders!" Der Alte war vor Hunger schon ganz schwach. Er sagte zu sich: „Ich muss mir etwas einfallen lassen!"

Nun war der Alte zwar hungrig, aber er war auch schlau! Er setzte sich auf den Dorfplatz und dachte nach. Dann lächelte er pfiffig und rief laut: „Na, dann will ich sehen, dass ich mir eine leckere Steinsuppe mache!" Der Alte hob einen schönen, glatten Stein vom Boden auf, putzte sorgfältig den Schmutz ab und prüfte, ob der Stein sich für eine Suppe eignete.

Die Leute, die an dem Alten vorbeigingen, blieben stehen und machten sich über ihn lustig. Aber er sagte: „Wie, habt ihr noch nie eine Steinsuppe gegessen? Ich kann euch sagen, das ist eine leckere Sache!" Viele schüttelten den Kopf und gingen weiter. Aber einige wurden neugierig: „Eine Steinsuppe? Wie das? Zeig uns das mal." Gespannt gingen sie mit dem alten Mann in das nächste Haus, wo ein Bauer mit seiner Familie wohnte.

Die alte Mutter des Bauern saß in der Küche am Ofen. Der Alte erzählte ihr von der Steinsuppe. Aufmerksam hörte sie zu und schüttelte nachdenklich den Kopf. Doch dann gab sie ihrem Sohn – dem Bauern – ein Zeichen. Er sollte einen großen Topf holen. Der Alte bedankte sich und füllte den Topf mit Wasser. Den Stein legte er vorsichtig hinein, als ob er sehr wertvoll sei. Dann setzte er den Topf auf den Ofen, wo schon ein Feuer brannte. Und dann warteten alle ungeduldig, bis das Wasser zu kochen begann.

Die Steinsuppe

2 a) Lies die Fragen.
b) Markiere die Antworten im Text.
c) Schreibe die Antworten auf. Schreibe ganze Sätze.

Warum hatten die Menschen kaum noch zu essen?

Welches Problem hatte der alte Mann?

Was wollte er kochen?

3 Was ist richtig? Was ist falsch? Kreuze an.

	richtig	falsch
Der alte Mann sammelte mehrere Steine.		
Einige Leute waren neugierig geworden.		
Der alte Mann sollte zeigen, wie er die Suppe macht.		
Die Leute machten auf dem Hof ein Feuer.		
Sie gingen mit dem Alten in das nächste Haus.		

4 Was passiert im ersten Teil der Geschichte? Fasse den Inhalt zusammen.
Verwende die folgenden Wörter und Wortgruppen:
im Winter / ein hungriger Mann / ein schöner Stein / ein Haus / ein Topf mit Wasser

Die Steinsuppe

In einem großen Topf will der alte Mann eine Steinsuppe kochen.

Der alte Mann rührte das kochende Wasser kräftig um, hielt die Nase über den Topf und fuhr sich mit der Zunge über die Lippen. „Ahh", sagte er laut. „Diese Steinsuppe wird wieder köstlich! Aber mit Zwiebeln wäre sie natürlich noch feiner." Als der Bauer das hörte, holte er aus seiner Vorratskammer ein paar alte Zwiebeln. Während der alte Mann sie in kleine Stücke schnitt, murmelte er: „Als ich das letzte Mal etwas Fett dazu getan hatte, war sie richtig gut." Da ging der Sohn des Bauern in die Kammer und brachte ein Töpfchen mit Fett. Durch die offen gebliebene Tür konnte der Alte einen Korb mit Möhren und einen Teller mit Würstchen sehen. Ein Lächeln huschte über sein Gesicht. Er nahm einen Löffel und probierte schmatzend die Suppe: „Hm! Köstlich ... eine oder zwei Möhren dazu, das wäre ein echter Genuss!" Da ging der Sohn wieder in die Kammer und brachte ihm die Möhren.

Nach einer Weile kostete der Alte die Suppe erneut. „Mit ein paar Würstchen wäre die Suppe noch würziger. Kann ich die Würstchen aus der Kammer bekommen?" Der Bauer zögerte einen Moment. Aber dann schickte er seine Frau, die Würstchen zu holen. Der Alte rührte in der Suppe, er wartete einen Augenblick und meinte dann fröhlich: „Ich bin sehr zufrieden. Aber die Suppe könnte noch ein wenig dicker sein. Kann ich vielleicht etwas Mehl haben?" Sofort lief die Frau vom Bauern los und holte das gewünschte Mehl. „Diese Suppe ist wirklich ausgezeichnet!", verkündete der Alte. „Es ist die beste Suppe, die ich je gekocht habe. Zum Schluss fehlt nur noch ein wenig Sahne." Da holte die Bäuerin die restliche Sahne vom Vortag und auch die Sahne verschwand schnell im Suppentopf.

Die Suppe duftete herrlich. Endlich war alles gar! Der alte Mann bat alle, mit ihm die Suppe zu teilen. Schnell wurde der Topf leer, nur der Stein blieb auf dem Boden. Der Bauer fragte erstaunt: „Und der Stein?" Da lächelte der Mann verschmitzt und sagte: „Den Stein, den wasche ich und nehme ihn für das nächste Mal mit."

Die Großmutter hatte während der ganzen Zeit kein Wort gesprochen. Nun sagte sie: „Guter Mann, Ihre Steinsuppe war wunderbar. Erst wollten wir Ihnen nichts geben und jetzt sind wir alle zusammen satt geworden. Dafür danken wir Ihnen!"

Die Steinsuppe

5 Welche Zutaten gibt der alte Mann in den Topf?

a) Markiere im Text.
b) Vergleiche deine Markierungen mit der Liste.
c) Streiche auf der Liste die Zutaten durch, die der Alte nicht verwendet.

Zutaten für eine Steinsuppe

ein schöner glatter Stein

Möhren	Speck
Kartoffeln	Würstchen
Zwiebeln	Sahne
Knoblauch	Nudeln
Fett	

6 Wie geht die Geschichte weiter und wie endet sie? Fasse den Inhalt zusammen.
Verwende die folgenden Wortgruppen:
die Zutaten nacheinander / eine köstliche Suppe / Topf leer / alle zusammen satt

7 Was denkst du über den alten Mann? Begründe deine Meinung.

Der alte Mann ist , weil

→ ein Betrüger
ein kluger Mann
ein guter Mensch

8 a) Welche Aussage passt am besten zu der Geschichte? Entscheide.

- ☐ Wer betrügt, den bestraft das Leben.
- ☐ Geteilte Suppe schmeckt am besten.
- ☐ Steinsuppe liegt schwer im Magen.
- ☐ Von Steinsuppe wird niemand statt.

b) Begründe deine Entscheidung.

Meine persönlichen Daten

Formulare ausfüllen

Wenn du ein Paket mit der Post versenden möchtest, musst du einen Paketschein ausfüllen.

1 a) Schreibe als Absender deine persönlichen Daten.
b) Schreibe als Empfänger die persönlichen Daten von einer Partnerin/einem Partner.

Paket und Päckchen Deutschland + EU

Absender / Expéditeur

Postleitzahl Ort

Deutschland / Allemagne

(96)993017

Empfänger / Destinataire

Tel. (nur bei EU-Versand oder Sperrgut)

Straße und Hausnummer (deutschlandweit kein Postfach)

Postleitzahl Ort

Bestimmungsland / Pays de destination

912-685-000 01/10

Bitte hier frankieren mit:
Paketmarken (für Pakete)
Briefmarken (für Päckchen)

Zulässige Maße und Gewichte: siehe Rückseite.

Die DHL PAKETMARKE EU ist für den Versand in folgende Länder gültig: Belgien, Bulgarien, Dänemark (außer Färöer, Grönland), Estland, Finnland (außer Ålandinseln), Frankreich inkl. Monaco (außer überseeische Gebiete und Departements), Griechenland (außer Berg Athos), Großbritannien (außer Kanalinseln), Irland, Italien (außer Livigno und Campione d'Italia), Lettland, Litauen, Luxemburg, Malta, Niederlande (außer außereuropäische Gebiete), Österreich, Polen, Portugal, Rumänien, Schweden, Slowakei, Slowenien, Spanien (außer Kanarische Inseln, Ceuta, Melilla), Tschechische Republik, Ungarn, Zypern (außer Nordteil)

Wünschen Sie zusätzliche Services? Bitte hier Servicemarken aufkleben.

Weitere Informationen: siehe Rückseite.

Auftragnehmer (Frachtführer) ist die Deutsche Post AG. Es gelten für Päckchen die AGB BRIEF NATIONAL bzw. INTERNATIONAL und für Pakete die AGB DHL PAKET / EXPRESS NATIONAL bzw. PAKET INTERNATIONAL in der jeweils zum Zeitpunkt der Einlieferung gültigen Fassung. Der Absender versichert, dass keine danach ausgeschlossenen Güter in der von ihm eingelieferten Sendung enthalten sind.

Bevor du Mitglied in einem Sportverein werden kannst, musst du eine Beitrittserklärung ausfüllen. Die Angabe der Krankenkasse ist wichtig, falls du dich beim Sport verletzt.

2 Fülle die Beitrittserklärung mit deinen persönlichen Daten aus. Frage deine Eltern, bei welcher Krankenkasse du versichert bist.

Beitrittserklärung

Hiermit erkläre ich den Beitritt in den Fußballverein **FC Stolper**.

Name, Vorname: ______________________

Straße, Hausnr.: ______________ PLZ, Wohnort: ______________

Krankenkasse: ______________________

Alter: ☐ 13–14 Jahre ☐ 15–16 Jahre ☐ 17–18 Jahre

Unterschrift Mitglied

Unterschrift Verein

Formulare ausfüllen

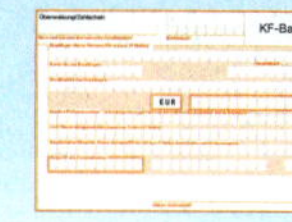

Achtung! Auf manchen Formularen gibt es unterschiedliche Felder:
Pflichtfelder musst du ausfüllen. Sie sind oft besonders gekennzeichnet.
Die anderen Felder musst du nicht ausfüllen. Die Daten sind freiwillig.

3 a) Welche Felder musst du unbedingt ausfüllen? Markiere.
b) Trage deine persönlichen Daten ein.

Bitte geben Sie Ihre persönlichen Daten ein

Lieferadresse
Die mit * gekennzeichneten Felder sind Pflichtfelder.

Vorname:* ______ Nachname:* ______

E-Mail-Adresse: ______

Geburtsdatum: ______

Straße/Nr.:* ______ PLZ/Ort:* ______

Telefon: ______

Zahlungsweise Bankeinzug:

Konto-Nr.:* ______ BLZ:* ______

Konto-Inhaber:* ______

Egal, welches Formular du ausfüllen möchtest:
Du musst deine persönlichen Daten kennen, so wie Max.

Meine persönlichen Daten:

1 Mein Name ist Max Heinze. Am 15.05.95 bin ich in Altstadt geboren.
2 Ich wohne in 04157 Leipzig in der Marktstraße 9.
3 Meine Telefonnummer lautet 0341/9856783.
4 Meine Staatsangehörigkeit ist deutsch.
5 Ich bin ledig* und zurzeit Schüler.

* nicht verheiratet

4 a) Stelle dich vor. Schreibe deine persönlichen Daten auf ein Blatt.
Verwende die Satzmuster von Max.
b) Ordne das Blatt in deinen **Lebensordner** ein.

Die Allgemeinen Geschäftsbedingungen

Ein Angebot im Internet genau lesen

Maria und Sven wollen sich aus dem Internet einen neuen Klingelton für ihr Handy herunterladen. Sie lesen aufmerksam das Angebot.

Klingeltöne ➔ Auswahl

Das gewählte Produkt* ist Bestandteil des TopTon-Abos**
Es enthält 5 Gutscheine für 2 Töne und 3 Funvideos.
Preis: 4,99 €/Woche.
Zum Beenden des Abos: Sende „stoptopton“ an 32323

Ich stimme den AGB zu. ☐ Download

* z. B. ein Klingelton oder ein Funvideo

** Abo ist die Abkürzung für das Abonnement: ein Auftrag mit regelmäßiger Lieferung

1 a) Wofür interessieren sich Maria und Sven?

☐ für einen Einzel-Download*** ☐ für ein Abonnement

b) Was kostet das Angebot?

☐ einmalig 4,99 € ☐ jede Woche 4,99 €

*** der Einzelkauf, z. B. ein Klingelton

Maria und Sven müssen vor dem Herunterladen den AGB zustimmen. Aber was sind eigentlich die AGB? Der Lexikonartikel informiert.

AGB ist die Abkürzung für die Allgemeinen Geschäftsbedingungen. Das sind vorformulierte Bedingungen, unter denen ein Vertrag gilt. In den AGB werden z. B. die Regeln zum Herunterladen von Dateien erklärt. Oder sie legen fest, was das Herunterladen kostet, wie du bezahlen musst, wie du kündigen kannst und wie lange der Vertrag läuft.

2 a) Wofür steht die Abkürzung AGB?

____

b) Was legen die AGB fest? Nenne Beispiele.

____

____

c) Warum ist es wichtig, die AGB zu lesen?

____

____

➔ gelten bei Vertragsabschluss, nennen Bedingungen und Regeln

Ein Angebot im Internet genau lesen

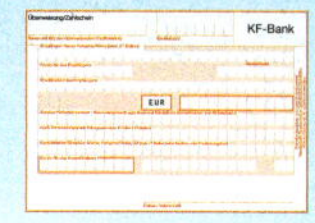

Achtung! Nicht einfach herunterladen! Bevor Maria und Sven den AGB zustimmen, lesen sie genau die Bedingungen.

3 Vertragsabschluss/Abonnement

3.1 Die Produkte können als Einzel-Download oder im Abonnement heruntergeladen werden. Wie viele Gutscheine (Klingeltöne) ein Abo enthält, ist von der Art des Abos abhängig. Es gibt Spar-Abos, Wochen-Abos und Monats-Abos.

3.2 Das Abo bleibt so lange bestehen, bis es vom Kunden gekündigt wird. Solange keine Kündigung erfolgt, verlängert sich das Abo, je nach Vertrag.

3.3 Der Gesamtpreis für das Abo ist immer zu bezahlen, auch wenn nicht alle Gutscheine eingelöst werden. Die Gutscheine können auf die nächste Woche oder den nächsten Monat übertragen werden.

→ Textknacker Klappe hinten
1 die Überschrift
3 die Abschnitte

Durch die AGB erhältst du zusätzliche Informationen, unter welchen Bedingungen der Vertrag gilt.

3 Was steht im Auszug der AGB? Ergänze die Lücken.

Das Herunterladen der Produkte erfolgt als ______________ oder im ______________. Die Anzahl der Gutscheine ist abhängig von der ______________. Das Abo verlängert sich automatisch, wenn keine ______________ erfolgt. Auch wenn der Kunde nicht alle Gutscheine braucht, muss er trotzdem immer den ______________ bezahlen. Die nicht genutzten Gutscheine können ______________ werden.

→ Kündigung
Abonnement
Gesamtpreis
Einzel-Download
übertragen
Art des Abos

Beim folgenden Beispiel kannst du zeigen, dass du die AGB verstanden hast.

4 Du löst im letzten Monat nicht alle Gutscheine ein.
Welchen Preis musst du bezahlen?

Das Kleingedruckte lesen

Eine Werbeanzeige genau lesen

Werbeanzeigen versprechen viel. Aber halten sie das auch?
Um das zu wissen, sollte man alle Informationen genau lesen.

1 Lies die Werbeanzeige genau.

Manche Informationen sind in der Werbeanzeige groß dargestellt.

2 a) Wofür wirbt die Anzeige?

Die Anzeige wirbt ____________________

b) Welcher Preis fällt dir sofort ins Auge?

____

c) Was sollst du aufgrund der Anzeige denken?

____

→ das Produkt, ganz billig, fast geschenkt, kaum Kosten, …

Einige Informationen sind in der Werbeanzeige sehr klein gedruckt.
Hier siehst du das Kleingedruckte groß geschrieben.

*Der Preis von 1 € gilt bei Abschluss eines Kundenvertrags:
24 Monate **Mindestlaufzeit, einmaliger Abschlusspreis** 24,95 €
und monatlicher Paketpreis von 9,95 € **ohne weitere Berechnung**
samstags und sonntags von 0 bis 24 Uhr ins gleiche Netz oder ins Festnetz,
Standardgespräche in andere deutsche Mobilnetze 0,29 €/Min. und
nationale* **Standard-SMS** 0,19 € / SMS**

*z. B. in ganz Deutschland
**eine SMS kostet 0,19 €

3 Worüber informiert das Kleingedruckte? Zwei Antworten sind richtig.

- ☐ über das Handy-Modell
- ☐ über die Kosten für Telefonate und SMS
- ☐ über das Handy-Netz
- ☐ über die Laufzeit und die Kosten vom Vertrag

Eine Werbeanzeige genau lesen

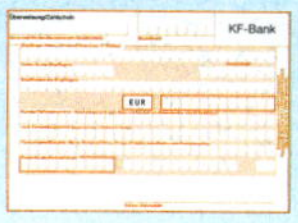

In dem Kleingedruckten sind Fachwörter hervorgehoben.

4 Was bedeuten die Fachwörter ? Verbinde.

der Kundenvertrag	der Preis, den man einmalig zu Beginn zahlen muss
ein Standardgespräch	man muss nichts zusätzlich bezahlen
die Mindestlaufzeit	ein Gespräch in ein anderes Handy-Netz
einmaliger Abschlusspreis	der Vertrag zwischen dem Handy-Nutzer und der Telefongesellschaft
ohne weitere Berechnung	die Zeitdauer, für die man auf jeden Fall den Vertrag bezahlen muss
eine Standard-SMS	eine SMS mit 160 Zeichen

5 a) Lies noch einmal das Kleingedruckte.
b) Beantworte die Fragen in Stichworten.

Welchen Preis musst du zu Beginn bei Vertragsabschluss bezahlen? 24,95 Euro

Wie viel Euro musst du jeden Monat bezahlen?

Wie lange musst du monatlich diesen Preis bezahlen?

Was musst du für eine SMS innerhalb Deutschlands bezahlen?

Wann kannst du ohne weitere Berechnung telefonieren?

Durch das Kleingedruckte hast du wichtige Informationen über den Handy-Vertrag und die Kosten erhalten.

6 Würdest du den Handy-Vertrag abschließen? Begründe deine Antwort.

Einkauf im Versandhandel

Eine Rechnung lesen und verstehen

Miriam hat sich im Versandhandel eine Jeans, einen Pullover und eine Jacke bestellt. Endlich ist die bestellte Ware angekommen. In dem Päckchen liegt auch die Rechnung für die Ware.

Rechnung

girls' trend

girls' trend, 23567 Modestadt

Frau Miriam Schick
Kleiderstraße 12
12345 Klamottenhausen

Bitte bei Bezahlung und Rückfragen unbedingt mit angeben	Kunden-Nummer	Rechnungs-Nummer	Rechnungs-/Lieferdatum
	345 689 7	87456-345-10	23.04.2010

Menge	Bestell-Nummer	Artikel-Bezeichnung	Einzelpreis	Gesamtpreis
1	18909 36	Jeans	29,90	**29,90**
1	18907 36	Pullover, schwarz	9,99	**9,99**
1	17854 28	Jacke, schwarz	29,90	**29,90**

Netto in EUR	MwSt. in EUR	MwSt.%	Gesamt in EUR
56,53	13,26	19 %	**69,79**
		Versandkosten	**6,50**
			76,29

Bitte überweisen Sie den Betrag bis zum 07.05.2010.
Die Ware bleibt bis zur vollständigen Zahlung des Kaufpreises unser Eigentum.

girls' trend, Postfach 30486, 23567 Modestadt
Bankverbindung: Sparkasse Modestadt / Konto-Nr.: 18945 98673 / BLZ: 555 444 33

Miriam möchte überprüfen, ob sie alle bestellten Waren erhalten hat.

1 Trage in die Tabelle ein:
- Welche Artikel hat Miriam erhalten?
- Was kostet jeder Artikel?

die Artikel-Bezeichnung	der Einzelpreis

Eine Rechnung lesen und verstehen

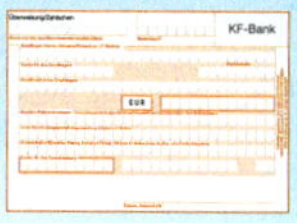

Miriam sieht auf der Rechnung nach, wie viel sie bezahlen muss und bis wann.

2 Beantworte die Fragen.

a) Markiere die Antworten auf der Rechnung.
b) Schreibe die Antworten in Stichworten auf.

Wie viel muss Miriam insgesamt bezahlen? ______

Bis wann muss Miriam das Geld überweisen? ______

Wie hoch sind die Versandkosten? ______

Welche Kunden-Nummer hat Miriam? ______

Welche Nummer hat die Rechnung? ______

Auf einer Rechnung stehen viele weitere wichtige Angaben. Miriam überlegt, was die Angaben bedeuten.

3 Verbinde die Wörter und Abkürzungen mit der richtigen Erklärung.

das Rechnungsdatum	Wird eine Ware zugesendet, werden für jede Sendung Kosten für den **Versand** berechnet.
BLZ	Jede Rechnung eines Händlers hat eine andere Nummer, so kann das Bezahlen besser kontrolliert werden.
die Kunden-Nummer	An diesem Tag wurde die Rechnung geschrieben.
MwSt.	Die **B**ank**l**eit**z**ahl: Jede Sparkasse und jede Bank hat eine eigene Nummer.
die Versandkosten	Die **M**ehr**w**ert**st**euer: Für jede Ware muss eine Steuer bezahlt werden. Diese Steuer ist im Kaufpreis der Ware enthalten.
die Rechnungs-Nummer	Jedem Käufer, also jedem Kunden, ist genau eine Nummer zugeordnet.

4 Bearbeite diese Aufgabe in deinem Heft.

a) Schreibe als Überschrift **Eine Rechnung lesen und verstehen**.
b) Formuliere die Bedeutung der Wörter und Abkürzungen von Aufgabe 4 mit eigenen Worten.
<u>Eine Rechnung lesen und verstehen</u>
Das Rechnungsdatum sagt mir, wann die Rechnung geschrieben wurde.

Einen Überweisungsträger ausfüllen

Miriam hat die bestellte Ware anprobiert. Die Jeans passt nicht. Miriam möchte die Jeans deshalb zurücksenden.

1 Welchen Preis muss Miriam nicht bezahlen, wenn sie die Jeans zurücksendet? Streiche den Preis auf der Rechnung durch.

Menge	Bestell-Nummer	Artikel-Bezeichnung	Einzelpreis	Gesamtpreis
1	18909 36	Jeans	29,90	**29,90**
1	18907 36	Pullover, schwarz	9,99	**9,99**
1	17854 28	Jacke, schwarz	29,90	**29,90**

Netto in EUR	MwSt. in EUR	MwSt.%	Gesamt in EUR
56,53	13,26	19 %	**69,79**
		Versandkosten	**6,50**
			76,29

2 Wie viel muss Miriam jetzt insgesamt bezahlen?

a) Rechne aus. Verwende einen Taschenrechner.

b) Kreuze das richtige Ergebnis an.

☐ 48,29 € ☐ 42,89 € ☐ 46,39 € ☐ 45,28€ ☐ 44,98€

Miriam hat mit der Rechnung einen Überweisungsauftrag erhalten. Er ist schon ausgefüllt.

Überweisung/Zahlschein

Name und Sitz des überweisenden Kreditinstituts | Bankleitzahl | Sparkasse Modestadt

Empfänger: Name, Vorname/Firma (max. 27 Stellen)
GIRLS TREND

Konto-Nr. des Empfängers: 1894598673 | Bankleitzahl: 55544433

Kreditinstitut des Empfängers
SPARKASSE MODESTADT

EUR 76,29

Kunden-Referenznummer - Verwendungszweck, ggfs. Name und Anschrift des Überweisenden - (nur für Empfänger)
KUNDEN-NR.3456897

noch Verwendungszweck (insgesamt max. 2 Zeilen à 27 Stellen)
RECHNUNGS-NR.87456-345-10

Kontoinhaber/Einzahler: Name, Vorname/Firma, Ort (max 27 Stellen, keine Straßen- oder Postfachangaben)

Konto-Nr. des Kontoinhabers

Datum, Unterschrift

Schreibmaschine: normales Schreibweise! Handschrift: Blockschrift in GROSSBUCHSTABEN bitte je Zeichen ein K stchen verwenden!

3 a) Markiere im Überweisungsträger
- blau: die Bankleitzahl, die Konto-Nummer und die Bank von **girls' trend**
- grün: Miriams Kunden-Nummer und die Rechnungs-Nummer

b) Kreise ein, welchen Betrag Miriam in einem neuen Überweisungsträger ändern muss.

Einen Überweisungsträger ausfüllen

Da Miriam die Jeans zurücksenden will, muss sie weniger bezahlen.
Sie muss einen neuen Überweisungsträger ausfüllen.

So fülle ich einen Überweisungsträger aus:

- Ich schreibe in Druckschrift, am besten nur in Blockbuchstaben: *MIRIAM*.
- Ich schreibe in jedes Kästchen nur einen Buchstaben oder eine Zahl.

4 Fülle den Überweisungsträger für Miriam aus.
Orientiere dich dabei an dem Überweisungsträger auf Seite 52.

a) Übertrage die folgenden Angaben:
- die Bankleitzahl, die Konto-Nummer und die Bank von **girls' trend**
- die Kunden-Nummer und die Rechnungs-Nummer

b) Trage außerdem ein:
- den neuen Betrag, den Miriam bezahlen muss
- die Angaben von Miriam als Kontoinhaberin.

Kontoinhaber:
Miriam Schick
Konto-Nr.:
456 43 435
Kreditinstitut:
KF - Bank Berlin
BLZ: 00090030

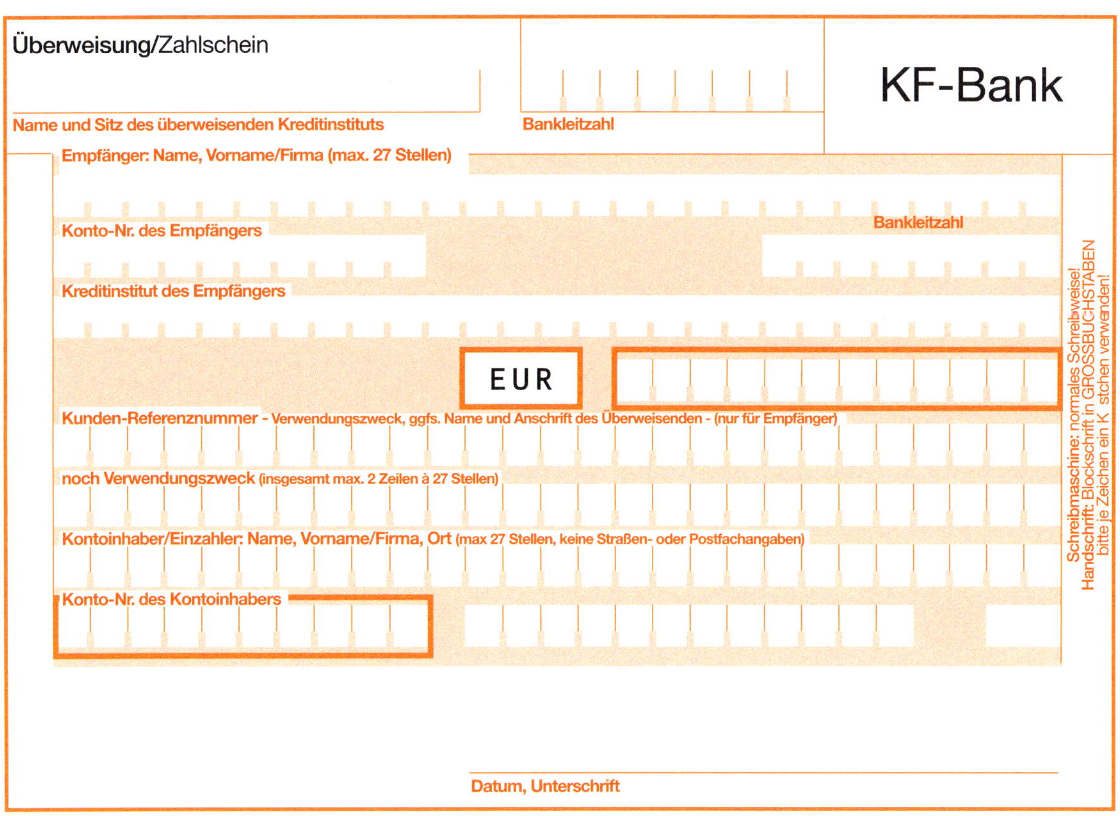

5 An welcher Stelle muss Miriam den Überweisungsträger unterschreiben? Kennzeichne mit einem dicken Kreuz.

Einen Vertrag kündigen

Eine Kündigung schreiben: die Form

Tom möchte mit dem Einverständnis seiner Eltern seinen Vertrag im Fitness-Studio kündigen. Er weiß aber nicht, wie ein Kündigungsschreiben aussieht. Sein Vater gibt Tom eine Vorlage.

der Ort, das Datum	München, 27.7.2010
______	Michael Schneider Hauptstraße 4 88605 München
______	Müller AG – Billig Strom Kraftwerkstraße 105 88605 München
______	**Kündigung des Strom-Vertrages – Kundennummer 325809157 –**
______	Sehr geehrte Damen und Herren,
______	hiermit möchte ich meinen Strom-Vertrag (Kd.-Nr. 325809157) zum 1. September 2010 kündigen. Ich bitte Sie, mir die Kündigung schriftlich zu bestätigen.
______	Mit freundlichen Grüßen
______	*Michael Schneider*

Ein Kündigungsschreiben ist ein offizieller Brief und hat eine besondere Form.

1 Welche Bestandteile gehören zu jedem Kündigungsschreiben? Beschrifte das Kündigungsschreiben.

der Absender die Grußformel die Unterschrift der Betreff

~~der Ort, das Datum~~ die Anrede die Adresse der Textblock

Tom weiß nun, welche Form ein Kündigungsschreiben hat. Aber ihm fehlen für sein eigenes Kündigungsschreiben noch wichtige Angaben.

Einen Vertrag lesen und verstehen

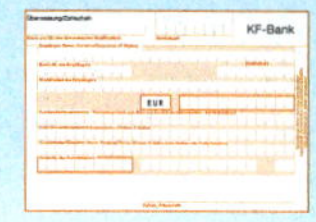

Tom braucht wichtige Angaben aus dem Vertrag mit dem Fitness-Studio. Deshalb liest er noch einmal genau seinen Vertrag.

1 Lies den Auszug aus dem Vertrag.

Power-Studio
Fitness- und Gesundheitszentrum München
Karl-Maier-Str. 144, 80225 München

Name: Schneider   Vorname: Tom
Straße: Hauptstr. 4   PLZ, Ort: 88605 München
Tel: 089/010987
Geb.-Datum: 12.05.1992

Vertragsart: 1-Jahresvertrag
Vertragsbeginn: 01.05.2010
Vertragsnummer: 65347

Kündigungsbedingungen:
Die Kündigungsfrist* für alle Verträge beträgt 30 Tage zum Ende der Vertragslaufzeit**, ansonsten verlängert sich der Vertrag um 3 Monate.

*sagt mir, wann ich kündigen muss

**sagt mir, wie lange der Vertrag geht

2 a) Wie lange läuft der Vertrag von Tom? Nenne die Vertragsart.

b) Wann ist der Vertrag in Kraft getreten? Nenne den Vertragsbeginn.

3 a) Markiere die folgenden Angaben im Vertrag.
b) Schreibe auf.

– die Anschrift vom Power-Studio: ____________________

– die Vertragsnummer: ____________________

Tom möchte den Vertrag zum 30.4.2011 kündigen.

4 Wann muss die Kündigung beim Power-Studio sein?

☐ 16.3.2011 ☐ 30.3.2011 ☐ 1.4.2011

Eine Kündigung schreiben

Tom weiß nun, welche Angaben er unbedingt im Kündigungsschreiben nennen muss. Bevor er schreibt, sucht er passende Formulierungen. Seine Mutter hat Sätze und Satzmuster gesammelt.

Power-Studio
Vertrags-Nr. 65347
Kündigungstermin: 30.4.2011

1 a) Lies die Sätze und Satzmuster.
b) Wähle Sätze und Satzmuster für Toms Kündigungsschreiben aus. Markiere.

Kündigung von …
Vertragskündigung: …

Sehr geehrte Damen und Herren,
Sehr geehrte Frau … Sehr geehrter Herr …,

hiermit kündige ich … ordentlich und fristgerecht zum …
hiermit möchte ich … fristgerecht zum … kündigen.

Meine Vertragsnummer lautet …
Die Mitgliedsnummer lautet …

Bitte bestätigen Sie mir schriftlich den Erhalt der Kündigung.
Ich bitte Sie, mir die Kündigung schriftlich zu bestätigen.

Vielen Dank für Ihre Bemühungen.

2 Schreibe den **Betreff**, die **Anrede** und den **Textblock** für das Kündigungsschreiben von Tom.
Verwende Toms Stichworte und die markierten Sätze von Aufgabe 1.

Eine Kündigung schreiben und überarbeiten

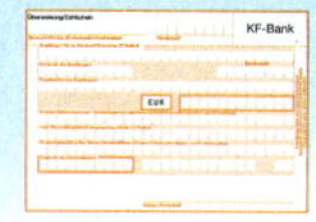

1 Stell dir vor, du möchtest diesen Vertrag kündigen:

Spaß-Verlag
Zeitschriften-Abo
Kunden-Nr. 9786754
Kündigungstermin: 31.5.2011

2 Schreibe die vollständige Kündigung.
Wende den Schritt **2** vom Schreibprofi an.
Nutze die Sätze und Satzmuster von Seite 56.

der Absender

der Ort, das Datum

die Adresse

Spaß-Verlag
Schnelle Str. 27
12345 Schmöker

der Betreff

die Anrede

der Textblock

der Gruß

die Unterschrift

3 Überarbeite. Wende den Schritt **3** vom Schreibprofi an.

→ Schreibprofi Klappe vorn

Du kannst die Vorlage für andere Kündigungsschreiben nutzen.
Manche Angaben bleiben immer gleich, manche Angaben musst du ändern.

4 a) Schreibe das überarbeitete Kündigungsschreiben auf ein Blatt.
b) Markiere die Stellen, die du für eine neue Kündigung ändern musst.
c) Ordne das Blatt in deinen **Lebensordner** ein.

Die Mofa-Prüfbescheinigung

Sascha ist 15 Jahre alt. Einige seiner Freunde fahren ein Mofa oder einen Roller. Auch Sascha möchte die Prüfung für einen Führerschein machen. Er erkundigt sich in der Fahrschule und bekommt zwei Flyer.

Die Mofa-Prüfbescheinigung

Wer mindestens 15 Jahre alt ist, darf mit einem Mofa fahren. Wer noch nicht 18 Jahre alt ist, braucht das Einverständnis von einem Erziehungsberechtigten*. Um ein Mofa zu fahren, braucht man keinen Führerschein. Aber man muss eine Mofa-Prüfbescheinigung bei sich haben. Die Prüfbescheinigung ist keine echte Fahrerlaubnis im Sinne der gesetzlichen Vorschriften.

Um die Prüfbescheinigung zu bekommen, findet zuerst in einer Fahrschule der theoretische Unterricht statt. Er umfasst mindestens 6 Doppelstunden zu je 90 Minuten. Außerdem gehört zum Unterricht eine praktische Ausbildung, also Mofa-Fahrunterricht. Dieser Fahrunterricht umfasst mindestens eine Doppelstunde zu 90 Minuten Einzelunterricht. Oder er umfasst zwei Doppelstunden Gruppenunterricht. In Begleitung eines Fahrlehrers erfolgt eine Fahrt durch die Stadt.

Wenn der Unterricht beendet ist, stellt die Fahrschule eine Bescheinigung aus. Mit dieser Bescheinigung wird man zur Mofa-Prüfung zugelassen, die beliebig oft wiederholt werden darf. Mit der Mofa-Prüfbescheinigung darf man Mofas bis 25 km/h** fahren.

→ Textknacker
4 die Schlüsselwörter
5 die Worterklärungen

* die Eltern oder ein Vormund

** 25 Stundenkilometer

1 Werte den Flyer aus.

a) Lies die Fragen.
b) Markiere die Antworten im Flyer.
c) Schreibe die Antworten in Stichworten auf.

Wie alt muss man mindestens sein?

Wer braucht das Einverständnis eines Erziehungsberechtigten?

Für welche Fahrzeuge gilt die Mofa-Prüfbescheinigung?

Wie schnell darf man höchstens fahren?

Der Roller-Führerschein

Der Roller-Führerschein (Führerschein Klasse M)

Wer mindestens 16 Jahre alt ist, darf mit Einverständnis eines Erziehungsberechtigten den Roller-Führerschein machen. Die Ausbildung in der Fahrschule dauert länger als bei einer Mofa-Prüfbescheinigung.

Der theoretische Unterricht umfasst 14 Stunden zu je 90 Minuten. Beim praktischen Unterricht fährt man unter der Aufsicht eines Fahrlehrers. Die Anzahl der Übungsstunden richtet sich nach den Fähigkeiten des Fahrschülers. Der Fahrlehrer entscheidet, wann die Anmeldung zur praktischen Prüfung erfolgen kann.

Mit dem Roller-Führerschein kann man folgende Fahrzeuge fahren: zweirädrige Kleinkrafträder* und Fahrräder mit Hilfsmotor mit einer Höchstgeschwindigkeit von nicht mehr als 45 km/h.

*

2 Werte den Flyer aus.

a) Lies die Fragen.
b) Markiere die Antworten im Flyer.
c) Schreibe die Antworten in Stichworten auf.

Wie alt muss man mindestens sein?

Für welche Fahrzeuge gilt der Roller-Führerschein?

Wie schnell darf man höchstens fahren?

3 Was ist richtig? Was ist falsch?
Worüber machen die beiden Flyer keine Aussage?

	richtig	falsch	keine Aussage
Den Roller-Führerschein darf machen, wer mindestens 15 Jahre alt ist.			
In Deutschland werden mehr Roller als Mofas verkauft.			
Bei der Mofa-Prüfbescheinigung und beim Roller-Führerschein muss man eine praktische Ausbildung machen.			
Die Mofa-Prüfbescheinigung ist keine echte Fahrerlaubnis.			
Der Unterricht für eine Mofa-Prüfbescheinigung dauert länger als der Unterricht für den Roller-Führerschein.			
Es fahren mehr Männer als Frauen ein Mofa.			

Ein Formular ausfüllen

Die Anmeldung in der Fahrschule

Sascha hat sich entschieden. Er möchte den Roller-Führerschein machen. Dafür muss er sich bei der Fahrschule anmelden und ein Formular ausfüllen.

Auch du kannst für dich das Anmeldeformular der Fahrschule auf Seite 61 ausfüllen. Gehe Schritt für Schritt vor.

1 a) Lies Abschnitt (1) vom Anmeldeformular auf Seite 61.
b) Wie sollst du das Anmeldeformular ausfüllen?
☐ in Blockbuchstaben: SASCHA WEHNER
☐ in Schreibschrift: Sascha Wehner
c) Welche Felder musst du nicht ausfüllen?
☐ die grauen Felder ☐ die weißen Felder

2 a) Lies die Angaben in Kasten (2).
b) Fülle die Felder mit Hilfe der folgenden Hinweise aus.

die Klasse(n):	Schreibe **Mofa** oder **M** für Roller bis 45 km/h
die Sprache:	Trage ein, in welcher Sprache der Unterricht und die Prüfung erfolgen sollen, zum Beispiel **deutsch**.
der Familienstand:	Trage ein, ob du **verheiratet**, **geschieden** oder **ledig** (nicht verheiratet) bist.

3 a) Lies die Angaben in Kasten (3).
b) Wähle aus:
– Du besitzt schon einen Führerschein: Fülle die Felder mit den Angaben aus.
– Du besitzt noch keinen Führerschein: Schreibe bei Klasse: **keine**

4 a) Lies die Angaben in Kasten (4) und (5).
b) Wähle aus:
– Du hast ein Konto und möchtest, dass die Kosten für den Führerschein direkt von deinem Konto abgebucht werden: Kreuze **ja** an und fülle die Felder in Kasten (4) mit deinen Angaben aus.
– Du hast kein Konto und möchtest eine Rechnung geschickt bekommen: Kreuze **nein** an.

5 a) Lies Abschnitt (6) vom Anmeldeformular.
b) Schreibe den Ort und das Datum (von heute).
c) Unterschreibe in Schreibschrift mit deinem Vornamen und Familiennamen.

6 Zeige das ausgefüllte Anmeldeformular deiner Lehrerin/deinem Lehrer.

Die Anmeldung in der Fahrschule

Anmeldeformular zum Erwerb von Fahrerlaubnisklassen

1
- Bitte füllen Sie das Anmeldeformular leserlich in Blockbuchstaben aus.
- Die grauen Felder werden von der Fahrschule ausgefüllt.
- Wenn Sie bereits eine Fahrerlaubnis besitzen, entnehmen Sie die Angaben bitte Ihrem Führerschein.

2

die Filiale: ______

die gewünschte(n) Klasse(n): ______

das Anmeldedatum: ______

die Abrechnungsart: ______

Telefon privat: ______

Telefon beruflich: ______

die Staatsangehörigkeit: ______

die Sprache: ______

der Name: ______

der Vorname: ______

die Straße: ______

die PLZ/der Ort: ______

das Geburtsdatum: ______

der Geburtsort: ______

der Geburtsname: ______

der Familienstand: ______

3

Vorhandene Fahrerlaubnisklasse(n):

die Klasse: ______

ausgestellt am: ______

durch Behörde: ______

Ablauf der Probezeit: ______

die Listen-Nummer: ______

die Vordruck-Nummer: ______

4

Ich bin mit dem Bankeinzug meiner Ausbildungskosten einverstanden:

☐ ja ☐ nein

die Bank: ______

die Bankleitzahl: ______

die Konto-Nummer: ______

der Konto-Inhaber: ______

5

Die Rechnungsanschrift (falls abweichend von obiger Adresse):

der Name: ______

der Vorname: ______

die Straße: ______

die PLZ/der Ort: ______

6

______

der Ort, das Datum

______

die Unterschrift des Fahrschülers

Kleinanzeigen lesen und verstehen

Ein gebrauchter Motorroller

Marek hat den Roller-Führerschein bestanden und möchte sich einen gebrauchten Motorroller kaufen. Seine Schwester gibt ihm die Tageszeitung mit den Kleinanzeigen vom letzten Samstag.

1

Roller Rex 50, grau metallic, **EZ 7/08**, 5830 **km**, 4-Takter, **Hubr.** 49 cm³, **VB** 550,– €
Tel. 569874 ab 18 Uhr

In der Kleinanzeige sind Abkürzungen hervorgehoben.

1 Wofür stehen die Abkürzungen? Ordne zu.

Die Abkürzung	steht für …	Die Abkürzung	steht für …
	Juli 2008		Verhandlungsbasis*
	Kilometer	EZ	Erstzulassung**
	Telefon		Hubraum***

*Ab diesem Preis kann verhandelt werden.

**Zu diesem Datum wird ein neuer Roller für den Verkehr zugelassen. Du kannst dadurch das Alter des Rollers ausrechnen.

***Die Leistung des Motors wird an der Größe des Hubraums gemessen.

2 a) Lies noch einmal die Kleinanzeige.
b) Beantworte die Fragen in Sätzen. Die Worterklärungen helfen dir dabei.

Wann wurde der Roller zum ersten Mal für den Verkehr zugelassen?

Er wurde im Juli

Über welchen Preis kann verhandelt werden?

Wie viele Kilometer ist der Roller schon gefahren?

Du musst die Kleinanzeigen genau lesen, um die für dich wichtigen Angaben zu finden. Dabei hilft dir, dass die Angaben oft in der gleichen Reihenfolge stehen.

3 a) Welche Angabe findet Marek nicht in der Kleinanzeige? Streiche durch.
b) In welcher Reihenfolge stehen die anderen Angaben in der Kleinanzeige? Nummeriere.

- ◯ das Alter des Motorrollers
- ◯ der Markenname des Rollers
- ◯ die Farbe
- ◯ der Verkaufspreis
- ◯ die Anzahl der Reparaturen
- ◯ die Telefonnummer

Ein gebrauchter Motorroller

In der Zeitung entdeckt Marek drei weitere Kleinanzeigen.

② Honda Roller XR8RS, rot 6200 km, EZ 12/06, Inspektion neu, VB 650,– €, Tel. [redacted]

③ Motorroller Yamaha Zest, 80 cm³, dunkelblau, 17900 km, EZ 7/02, Windschutzscheibe, 650,– €, Tel. [redacted]

④ 

Roller NRG Piaggio, blau, 4780 km, Topzustand, EZ 3/08, VB 1300,– €, Tel. [redacted]

Marek möchte die Angaben von allen 4 Kleinanzeigen vergleichen.

4 Trage die Angaben in die Tabelle ein.

	Roller ①	Roller ②	Roller ③	Roller ④
die Farbe	grau metallic			
die gefahrenen Kilometer (km)				
die Erstzulassung (EZ)				
der Preis (VB)				

Marek überlegt, für welchen Roller er sich entscheiden soll. Er hat 700,– € gespart und möchte den Roller möglichst lange fahren.

5 Für welchen Roller sollte sich Matthias nach deiner Meinung entscheiden? Schreibe auf und begründe.

Kleinanzeigen findest du in verschiedenen Medien und an verschiedenen Orten.

6 Wo kannst du nach einer Anzeige suchen? Kreuze an. Es sind mehrere Antworten möglich.

- ☐ Wochenblatt
- ☐ Aushang im Supermarkt
- ☐ Illustrierte
- ☐ Reiseprospekt
- ☐ Freizeitkalender
- ☐ Tageszeitung

Suche Zimmer in WG

Pia ist die ältere Schwester von Sarah. Sie hat einen Arbeitsplatz in einer anderen Stadt bekommen. Pia sucht deshalb eine Wohnung.

Die Wohnung sollte mindestens 45 Quadratmeter groß sein, höchstens 350 Euro kosten und möglichst ohne die Zahlung einer Kaution* zu mieten sein. Pia möchte am liebsten in eine Wohngemeinschaft einziehen. Allerdings sollten die Mitbewohner Nichtraucher sein.

* eine Summe Geld, die man dem Vermieter als Sicherheit zahlen muss, wenn man eine Wohnung mietet

1 a) Lies den Text.
b) Markiere, was für Pia wichtig ist.
c) Schreibe die Angaben auf.

Pia und Sarah entwerfen gemeinsam eine Anzeige für die Tageszeitung. Damit die Anzeige nicht so viel Geld kostet, verwenden sie Abkürzungen. Jede Abkürzung steht für ein bestimmtes Wort oder eine Wortgruppe.

Suche Zimmer in WG, mind. 45 qm,
bis 350 € mit allen NK, ohne KT.
Mitbewohner sollten NR sein.
Bitte melden unter Tel. [redacted]

2 a) Markiere in der Anzeige alle Abkürzungen.
b) Ordne die Abkürzungen den Wörtern zu.

der Quadratmeter – ________

die Wohngemeinschaft – ________

die Kaution – ________

der Nichtraucher – ________

die Nebenkosten – ________

mindestens – ________

das Telefon – ________

Suche Zimmer in WG

Sarah hat für ihre Schwester drei Wohnungsanzeigen ausgeschnitten.

Vermiete 1-Raum-Whg.,
Küche, Bad/WC, 35 qm,
210 € + 2 MM KT + NK
Tel. [redacted] tägl. ab 18 Uhr

2-Raum-Whg. ca. 60 qm
in zentr. Lage zu vermieten.
350 € + NK
Tel. [redacted] ab 19 Uhr

Suche Mitbewohner
(w oder m) für WG!
2-Raum-Whg. mit Küche,
Bad/WC, insg. 55 qm,
160 € + NK o. KT Tel. [redacted]

3 Markiere alle Abkürzungen in den drei Anzeigen.

Abkürzungen sind allgemein gültig.
Sie werden auf verschiedene Arten gebildet.

4 a) Schreibe zu jedem Wort die richtige Abkürzung.
b) Markiere in den Wörtern die Buchstaben, die zur Abkürzung werden.

Manche Wörter kürzen wir ab, indem wir nur den ersten Buchstaben nehmen.

männlich – __________ weiblich – __________ ohne – __________

Viele Wörter kürzen wir ab, indem wir mehrere Buchstaben nehmen.

täglich – __________ insgesamt – __________ zentral – __________

Zusammengesetzte Nomen können wir abkürzen,
wenn wir die Anfangsbuchstaben der beiden Nomen nehmen.

die Wohngemeinschaft – __________ der Nichtraucher – __________

die Monatsmiete – __________ die Nebenkosten – __________

5 Welche der drei Anzeigen ist für Sarah besonders interessant?
Rahme sie farbig ein.

6 Gestalte dein eigenes **Lexikon für Abkürzungen**.

a) Schreibe als Überschrift **Abkürzungen in Kleinanzeigen** auf ein Blatt.
b) Schreibe die Abkürzungen und ihre Bedeutung untereinander auf.
c) Hefte das Blatt in deinen **Lebensordner**.

Abkürzungen in Kleinanzeigen
...

Fahrpläne lesen

Auf dem Bahnhof

Clara möchte ihre Freundin Sita in München besuchen.
In der Bahnhofshalle findet sie zwei ausgehängte Fahrpläne.

→ Textknacker Klappe hinten

Abfahrt *Departure*

Zeit	Zug	Richtung	Gleis
13:50 Fr, So*	IC 1917 🚂 🚲3)	Stendal 14:41 – Wolfsburg Hbf 15:19 – Hannover Hbf 15:55 ⊙ Bielefeld Hbf 16:51 – Gütersloh Hbf 17:01 – Hamm (Westf) 17:23 – Dortmund Hbf 17:46 – Bochum Hbf 18:01 – Essen Hbf 18:12 – Mülheim (Ruhr) Hbf 18:20 – Duisburg Hbf 18:28 – Düsseldorf Hbf 18:42 – **Köln Hbf 19:15** 9., 16., 24., 30. Mai, So vom 11. Jul bis 5. Dez weiter nach Bonn Hbf 19:35 – Koblenz Hbf 20:15 – Bingen (Rhein) Hbf 20:50 – Mainz Hbf 21:11 – Mannheim Hbf 21:52 – **Karlsruhe Hbf 22:24** *auch 12., 24. Mai, nicht 14., 23. Mai	**8**
13:59	ICE 1613 🍴	Lutherstadt Wittenberg 14:33 – Leipzig Hbf 15:05 – Jena Paradies 16:04 – Lichtenfels 17:23 – Bamberg 17:40 – Erlangen 18:00 – Nürnberg Hbf 18:28 – Donauwörth 19:15 – Augsburg Hbf 19:34 – **München Hbf 20:23** ⊙ 22. bis 24. Mai, 12., 19. Jun kein Halt in Donauwörth, Augsburg Hbf	**5**

Ankunft *Arrival*

Zeit	Zug	aus Richtung	Gleis
16:06	ICE 1608	**München Hbf 9:45** – München-Pasing 9:53 – Augsburg Hbf 10:24 – Nürnberg Hbf 11:37 – Erlangen 11:56 – Bamberg 12:16 – Lichtenfels 12:33 – Jena Paradies 13:54 – Leipzig Hbf 14:51 – Lutherstadt Wittenberg 15:22 23., 24. Mai kein Halt in München-Pasing, Augsburg Hbf	**8**
16:08 Mo - Fr*	RE 2 28521	**Berlin Gesundbrunnen 15:55** – Berlin Hbf (tief) 16:02 – Berlin Potsdamer Platz 16:05 *nicht 13., 24. Mai	**3**
16:18 Fr*	IC 1871	**Flensburg 12:01** – Schleswig 12:23 – Rendsburg 12:41 – Neumünster 13:10 – Elmshorn 13:40 – Hamburg Dammtor 14:05 – Hamburg Hbf 14:11 – Büchen 14:33 – Ludwigslust 14:59 *auch 12. Mai, nicht 14. Mai	**6**

Zeichenerklärung

Züge im Fernverkehr

ICE	**Intercity-Express** Hochgeschwindigkeitszug; ICE-Fahrkarte notwendig
EC	**Eurocity** Internationaler Reisezug; IC/EC Fahrkarte notwendig
IC	**Intercity** Nationaler Reisezug; IC/EC Fahrkarte notwendig

Symbole

✈	Zug hält am Flughafen/Airport
🍴	Bordrestaurant
🚂	Bordbistro
🚲	Zug mit Stellplätzen im Fahrradabteil; Reservierung notwendig
Ⓡ	Reservierung erforderlich!
⊙	bis hier sind alle Halte angegeben

Clara möchte die Abfahrtszeit der Züge wissen.

1 Auf welchem Plan soll Clara nachschauen?

☐ auf dem weißen Plan ☐ auf dem gelben Plan

Auf dem Bahnhof

Clara möchte mit dem ICE nach München fahren. Da sie morgens noch in der Schule ist, kann sie nicht vor 13:30 Uhr abfahren.

2 a) Wann und auf welchem Gleis könnte Clara in Berlin abfahren?

Sie könnte um ______________ Uhr in Berlin Südkreuz, Gleis _______, abfahren.

b) Welche ICE-Nr. ist angegeben?

Ihr ICE hat die Nummer ______________.

c) Wann kommt Clara in München an?

____

Zwei Tage später tritt Clara die Rückreise an. Ihr Freund Kevin will sie in Berlin vom Bahnhof abholen. Er sieht sich den Ankunftsplan genau an.

3 Clara fährt um 9:45 Uhr in München los.

a) Wann muss Kevin am Gleis sein?

Kevin muss ____

b) Auf welchem Gleis kommt der ICE aus München an?

____

c) In welchen Städten hält der Zug, bevor er in Berlin ankommt?

☐ Augsburg ☐ Bremen ☐ Nürnberg ☐ Stuttgart ☐ Leipzig

Die Fahrpläne haben eine Legende. Sie hilft, den Fahrplan zu verstehen.

4 Was bedeuten diese Symbole?

ICE ______________________ R ______________________

5 Clara fährt mit einem ICE.
Was muss sie beim Kauf der Fahrkarte beachten?

____

6 Kevin überlegt, ob Clara schon etwas gegessen haben könnte.
Wo hätte sie im Zug die Möglichkeit dazu gehabt?

____

Amnesty International – Fremdwörter klären

Verben mit -ieren

Elias und Jonas haben für eine Ausstellung über Amnesty International (ai) Informationsmaterial angefordert. Ein Mitarbeiter antwortet den Jungen.

Hallo Elias, hallo Jonas!

Ich freue mich, dass sich Jugendliche wie ihr für unsere Arbeit interessieren!
Wie ihr wisst, engagieren wir uns für die Menschenrechte. Wir protestieren dagegen, dass in vielen Ländern Menschen für ihre Meinung oder politische Überzeugung eingesperrt werden. Neue Vorfälle teilen wir sofort der Öffentlichkeit mit.
So wollen wir möglichst viele Menschen dazu motivieren,
Briefe und E-Mails an die verantwortlichen Regierungen zu schreiben.
Für eure Ausstellung schicke ich euch ausführliches Info-Material mit.

Viele Grüße,
Herbert Meier, Amnesty International Deutschland

Elias und Jonas freuen sich über die Antwort. Aber sie verstehen nicht alle Wörter.

So kläre ich unbekannte Wörter:

- Ich lese den ganzen Satz mit dem unbekannten Wort.

1 a) Markiere im Brief alle Verben mit **-ieren**. Es sind 4.
b) Schreibe die Verben auf.

2 a) Lies noch einmal im Brief die Sätze mit den markierten Verben.
b) Kreuze die richtige Bedeutung an.

(sich) interessieren
- ☐ etwas wissen wollen
- ☐ etwas zerstören

protestieren
- ☐ sich gegen etwas wehren
- ☐ mit etwas einverstanden sein

(sich) engagieren
- ☐ etwas wegnehmen
- ☐ sich für etwas einsetzen

jemanden motivieren
- ☐ jemandem etwas verbieten
- ☐ jemanden zu etwas auffordern

3 Lege eine Fremdwörterliste an.
Schreibe die Fremdwörter und ihre Bedeutung ab.
sich interessieren – etwas wissen wollen

Nomen mit -tion

AMNESTY INTERNATIONAL

In einer Zeitschrift finden Elias und Jonas einen Artikel, den sie für ihre Ausstellung ausschneiden. Damit die Besucher die vielen Fremdwörter besser verstehen, wollen sie diese auf einem Zusatzblatt erklären.

Einige Nomen haben die Endung -tion. Wir hören zion, aber schreiben tion.

Amnesty International (ai) – Einsatz für die Menschenrechte

1961 schrieb eine englische Zeitung über Menschen, die wegen ihrer politischen Meinung im Gefängnis saßen oder sogar getötet wurden. Nach dem Erscheinen dieses Artikels schlossen sich Menschen zu der Organisation Amnesty International (ai) zusammen. Sie hat die Funktion, sich für die Einhaltung der Menschenrechte einzusetzen. Oft erfährt ai davon, dass jemand wegen seiner Hautfarbe oder politischen Meinung verhaftet wurde. Dann gibt ai diese Information an die Öffentlichkeit weiter und ruft dazu auf, dass möglichst viele Menschen um die Freilassung bitten. Je mehr Menschen sich an einer solchen Aktion beteiligen, desto größer ist die Chance, dass die Person freigelassen wird …

1 a) Markiere im Zeitschriftenartikel alle Nomen mit **-tion**. Es sind 4.
b) Schreibe die Nomen mit Artikel auf.

2 a) Lies noch einmal im Text die Sätze mit den markierten Nomen.
b) Kreuze die richtige Bedeutung an.

die Aktion
- ☐ eine (gemeinsame) Handlung
- ☐ ein Verbrechen

die Information
- ☐ ein Geschenk, eine Medaille
- ☐ eine Nachricht, eine Mitteilung

die Funktion
- ☐ die Angst
- ☐ die Aufgabe

die Organisation
- ☐ ein Fußballteam
- ☐ der Zusammenschluss zu einem bestimmten Zweck

3 Bilde zu jedem Nomen mit **-tion** einen Satz. Schreibe in dein Heft.
Die Aktion ist …

4 Ergänze deine Fremdwörterliste.

Verben mit -ieren, Nomen mit -tion

Elias und Jonas bekommen per Mail einen Newsletter* von ai. Er informiert über einen Gefangenen in Peru.

*ein elektronisches Rundschreiben, das per Mail versendet wird

... Wir möchten Sie über unsere Bemühungen um die Freilassung des Gefangenen informieren. Die Kommunikation mit der Regierung von Peru** ist schwierig. Man zeigt bisher eine ablehnende Reaktion auf unsere Bitte, den Gefangenen freizulassen. Derzeit versucht Amnesty International, weitere Gespräche zu organisieren. Unsere Mitarbeiter in Peru haben die Qualifikation, solche Gespräche zu führen. Wir hoffen sehr, dass wir Ihnen bald bessere Nachrichten präsentieren können ...

**

Die Pressemeldung ist schwer zu verstehen. Elias und Jonas haben die unbekannten Wörter markiert. Sie suchen die Wörter im Wörterbuch.

So kläre ich unbekannte Wörter:

- Ich suche das unbekannte Wort im Wörterbuch oder im Lexikon.

1 Welche unbekannten Wörter schlagen Elias und Jonas nach?

a) Markiere die unbekannten Wörter in den Wörterbuch-Auszügen.
b) Lies, was die Wörter bedeuten.

Kom|mu|ni|ka|ti|on die *lat.*: Informationsaustausch, Verständigung, Umgang, Verbindung; **Kom|mu|ni|on** die *lat.*: katholisches Abendmahl; **kom|mu|ni|zie|ren** mitteilen, verbinden;

Qua|li|fi|ka|ti|on die *lat.*: Befähigung, Berechtigung, Eignungsnachweis, Beurteilung; **qua|li|fi|zie|ren** sich: eine bestimmte Leistung erbringen; **qua|li|fi|ziert** eine qualifizierte Arbeit (eine Arbeit, die besondere Befähigung verlangt),

prä|sent *lat.*: sie war immer präsent (anwesend, gegenwärtig); **Prä|sent** das *franz.*, die Präsente: kleines Geschenk; **Prä|sen|ta|ti|on** die: öffentliche Vorstellung; **prä|sen|tie|ren** anbieten, überreichen; jemandem eine Rechnung präsentieren (vorlegen)

2 a) Verbinde jedes Verb mit der passenden Bedeutung.

etwas präsentieren •	• mit anderen in Kontakt treten
kommunizieren •	• sich für eine Aufgabe eignen
(sich) qualifizieren •	• etwas darstellen (z. B. Arbeitsergebnisse)

b) Ergänze deine Fremdwörterliste.

Zu manchen Verben mit -ieren passt ein Nomen mit -tion.

3 In der Pressemeldung stehen Verben mit **-ieren** und Nomen mit **-tion**.

a) Finde zu jedem Verb das passende Nomen und zu jedem Nomen das passende Verb.
b) Schreibe die Paare auf.
c) Markiere die Endungen **-tion** und **-ieren**.
informieren – die Information

→ reagieren
qualifizieren
kommunizieren
die Information
die Präsentation
die Organisation

Adjektive mit -iv

AMNESTY INTERNATIONAL

Nach der Ausstellung erscheint in der Zeitung ein Artikel darüber.

Ausstellung über ai in der Kurt-Schumacher-Schule

Beim Schulfest der Kurt-Schumacher-Schule am vergangenen Samstag zeigten zwei Schüler eine interessante Ausstellung über Amnesty International. Die Ausstellung war sehr kreativ gestaltet, viele eigene Ideen wurden umgesetzt. Die Berichte waren besonders objektiv und sachlich formuliert. Die Idee, mit einer solchen Ausstellung aktiv zu werden, wurde von allen Besuchern höchst positiv aufgenommen.

Elias und Jonas freuen sich über das Lob, aber sie haben nicht alles verstanden.

1 a) Markiere im Zeitungsartikel alle Adjektive mit **-iv**. Es sind 4.
b) Schreibe die Adjektive auf.

2 a) Schlage die Adjektive im Wörterbuch nach.
b) Schreibe ihre Bedeutung auf.

kreativ: ____________________

objektiv: ____________________

aktiv: ____________________

positiv: ____________________

Zu einigen Adjektiven mit -iv gibt es ein Gegenteil, das ebenfalls mit -iv endet.

3 a) Schlage die Bedeutung der Adjektive in einem Wörterbuch nach.
b) Ordne den Adjektiven jeweils das Gegenteil zu.

subjektiv – __________ passiv – __________ negativ – __________

→ objektiv
aktiv
positiv

4 Bilde zu jedem Adjektiv mit **-iv** einen Satz. Schreibe in dein Heft.
Wer kreativ ist, hat viele Ideen. Wer aktiv ist, …

5 Ergänze deine Fremdwörterliste.

Konjunktionen wiederholen

Neue Farbe für den Jugendraum!

In ihrer Freizeit gehen die Jugendlichen gerne in den Jugendraum der kleinen Stadt. Der Jugendraum soll neu gestaltet werden. Die Jugendlichen äußern dazu ihre Meinungen und Wünsche.

1 Maja: „Ich finde, dass die Wände neu gestrichen werden müssen."
2 Joshua: „Ich hoffe, dass es Sofas gibt."
3 Emma: „Ich denke, dass ein Graffiti an der Wand super aussehen wird."
4 Ali: „Ich meine, dass Pflanzen bestimmt schön aussehen."
5 Mehmet: „Ich will, dass es eine Tanzecke gibt."

1 Welche Meinung hat Ali? Schreibe einen Satz.

Ali meint, ______________________________

Die Jugendlichen treffen sich mit dem Bürgermeister* und teilen ihm ihre Meinung mit.

* das Oberhaupt einer Stadt oder Gemeinde

2 a) Ergänze die Sätze. Verwende die Hilfen in der Randspalte.
b) Markiere **dass** und das Komma grün.

Maja: *„Ich finde, dass* ______________________________

____

Joshua: *„Ich glaube,* ______________________________

____

Mehmet: *„Ich meine,* ______________________________

____

Emma: *„Ich denke,* ______________________________

____

→ der Jugendraum nicht mehr gemütlich ist

wir den Raum selbst streichen können

wir eine Musikanlage brauchen

wir Pflanzen gespendet bekommen

Der Bürgermeister möchte mit dem Gemeinderat über die Neugestaltung des Jugendraums beraten. Dazu reicht es nicht, wenn die Jugendlichen ihre persönliche Meinung äußern.**

** gewählte Vertreter einer Gemeinde

Neue Farbe für den Jugendraum!

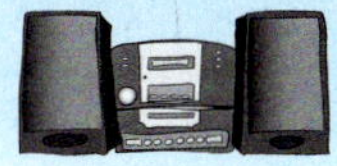

Um den Gemeinderat zu überzeugen, braucht der Bügermeister gute Argumente. Er bittet die Jugendlichen deshalb, ihre Meinung schriftlich zu begründen.

3 a) Schreibe die Sätze für die Jugendlichen.
Verbinde hierzu die zwei Hauptsätze.
b) Markiere alle Begründungen.
c) Markiere auch das Komma vor **weil**.

Wir wollen den Jugendraum neu gestalten. Der Jugendraum ist nicht mehr gemütlich.

Wir wollen den Jugendraum neu gestalten, weil er

Wir möchten die Wände neu streichen. Die Wände haben Flecken.

Wir wollen den Raum mit Pflanzen dekorieren. Der Raum wird dann schöner.

Wir möchten eine Musikanlage aufbauen. Wir hören gern Musik.

Wir wollen ein Sofa aufstellen. Wir sitzen gern gemütlich.

Die Jugendlichen wollen den Gemeinderat auch überzeugen, indem sie argumentieren: Die Neugestaltung muss nicht viel kosten.

4 Warum können die Jugendlichen bei der Neugestaltung Kosten sparen?
Schreibe die Ideen und eine passende Begründung in Sätzen auf.
Schreibe in dein Heft.

Wir können die Wände selbst streichen, weil …
Wir bekommen ein günstiges Sofa, weil …
Wir schaffen das alleine, weil …
Eine Musikanlage bekommen wir umsonst, weil …

→ im Praktikum gelernt, von der Oma geschenkt bekommen, die Eltern um Hilfe bitten, beim Vater im Keller, …

Argumentieren

Boxsport – ein Interview lesen und verstehen

Susianna Kentikian ist von Beruf Boxerin und zurzeit ist sie Weltmeisterin im Boxen. In einem Interview spricht sie über den Sport.

→ Textknacker Klappe hinten

Journalist: „Wann hast du angefangen zu boxen?“

Susianna: „Ich habe schon mit 12 Jahren angefangen zu boxen. Mein Bruder hat mich zum Training mitgenommen. Da hat es ‚Klick‘ gemacht. Es war wie Liebe auf den ersten Blick.“

Journalist: „Aber Liebe allein reicht doch nicht, oder?“

Susianna: „Das stimmt. Ich konnte anfangs gar nicht boxen. Aber ich hatte den unbedingten Willen, es zu lernen. Ich habe dafür gekämpft. Mit der Zeit wird man erfahrener, aber man muss auch die Stärke haben, das Ganze durchzustehen.“

Journalist: „Hast du bei Wettkämpfen Angst vor Verletzungen?“

Susianna: „Ja, ich mache mir vor einem Kampf immer Gedanken, was passieren könnte. Ich war schon häufig verletzt. Irgendwann ist die Angst einfach da. Ich weiß, wenn ich nicht aufpasse und getroffen werde, dann tut es auch weh.“

Journalist: „Hat deine Familie Angst um dich?“

Susianna: „Mein Vater und mein Bruder sind immer zuversichtlich. Meiner Mutter wäre es am liebsten, wenn ich aufhöre. Aber mein Vater ist ganz stolz auf mich.“

Journalist: „Musst du dich überwinden, um zuzuschlagen?“

Susianna: „Ja, aber das ist in dem Moment meine Aufgabe. Ich muss schneller sein als meine Gegnerin. Es geht darum, zu treffen und nicht getroffen zu werden.“

Journalist: „Das ist ein knallharter Sport. Kann man da überhaupt untereinander befreundet sein?“

Susianna: „Mit der Boxerin Regina Halmich verstehe ich mich gut. Wir telefonieren ab und zu. Boxen ist aber eher ein Einzelsport.“

Journalist: „Bist du privat auch so hart wie im Ring?“

Susianna: „Nein, überhaupt nicht. Privat bin ich ganz ruhig. Seit ich Sport mache, bin ich ein anderer Mensch. Ich flippe nicht mehr aus und bleibe ruhig.“

Journalist: „Vielen Dank für das Gespräch.“

Boxsport – ein Interview lesen und verstehen

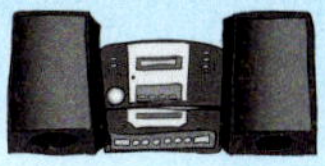

1 a) Lies die Fragen.
b) Markiere Textstellen, die die Fragen beantworten.
c) Schreibe die Antworten auf. Schreibe Sätze.

Wann hat Susianna mit dem Boxen angefangen?

Was musste sie tun, um erfolgreich zu werden?

Wovor hat Susianna Angst?

Welche Meinung hat der Vater zum Beruf von Susianna?

Worauf kommt es beim Boxen an?

Wie hat der Sport Susianna verändert?

Über Boxen kann man unterschiedliche Meinungen haben.

2 Wer äußert welche Meinung? Verbinde mit einem Strich.

Es war wie Liebe auf den ersten Blick.	die Mutter
Ich möchte am liebsten, dass sie aufhört.	der Vater
Ich bin stolz auf meine Tochter.	der Trainer
Boxen ist nicht nur ein Sport für Jungen – das zeigt Susianna.	Susianna

Boxsport – Argumente dafür und dagegen

Tim und Ben haben das Interview mit Susianna Kentikian gelesen. Sie haben unterschiedliche Meinungen über das Boxen und begründen sie mit Argumenten.

Durch das Boxen hat Susianna gelernt, für ihre Wünsche zu kämpfen.

Boxen ist ein gefährlicher Sport. Man kann jedes Mal verletzt werden.

Beim Boxen lernen Mädchen sich zu wehren.

Die arme Mutter muss ständig Angst um ihre Tochter haben.

Das macht doch keinen Spaß, Schläge einzustecken und Schmerzen zu haben.

Susianna ist durch das Boxen ruhiger geworden und flippt nicht mehr aus.

Deutsch und Mathe lernen ist wichtig.

Durch das Boxen ist Susianna selbstbewusster geworden.

Man findet nur schwer Freunde, weil Boxen ein Einzelsport ist.

1 a) Welche Gründe sprechen **für** das Boxen? Markiere grün.
b) Welche Gründe sprechen **dagegen**? Markiere rot.
c) Eine Aussage passt nicht zum Thema. Streiche durch.

2 Ordne die Argumente in die Tabelle ein. Schreibe Stichworte auf.

Argumente dafür (pro)	Argumente dagegen (kontra)

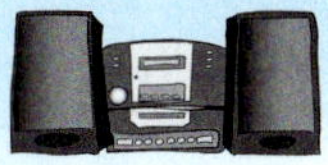

3 a) Welche Meinung hast du zum Thema Boxen?

☐ finde ich gut ☐ finde ich nicht so gut

b) Wie kannst du deine Meinung begründen? Sammle Argumente.
Du kannst dir eigene Argumente überlegen oder Argumente aus diesem Kapitel übernehmen.

→ Ausdauer, Fairness, Fitness, Gewalt, Schmerzen, Sorgen, Selbstbeherrschung, Selbstvertrauen, Verletzungsgefahr, …

c) Ordne deine Argumente nach Wichtigkeit. Nummeriere.
Das nach deiner Meinung wichtigste Argument soll am Schluss stehen.

4 Schreibe deine Meinung mit passenden Argumenten auf.

Ich finde Boxen als Sport gut/nicht so gut, weil …
Außerdem …
Es kommt noch hinzu, dass …
Vor allem bin ich überzeugt, dass …
Deshalb bin ich für/gegen den Boxsport.

Eine Postkarte und eine Einladung schreiben

Den Satzanfang großschreiben

In den Ferien verreist Dunja an die Ostsee. Sie möchte eine Postkarte an ihre Mutter schreiben und entwirft einen Text.

Rügen, den 12.08.10

~~liebe~~ Liebe Mutti,

ich sende dir herzliche Grüße aus dem Urlaub. / die Postkarte zeigt dir den Kreidefelsen ich habe heute eine Wanderung am Strand unternommen die Wellen sind bei starkem Wind sehr hoch sicher hätte es dir hier auch gefallen für dich liebe Grüße von deiner Dunja

Der Entwurf von Dunja ist schwer zu lesen, weil die Satzzeichen am Ende der Sätze fehlen.

1 a) Trenne die Sätze durch einen Strich.
b) Streiche die Wörter am Satzanfang durch.
c) Schreibe sie richtig darüber.
d) Ergänze passende Satzzeichen am Ende der Sätze.

2 Schreibe die Sätze richtig ab.

Anna Markow
Hauptstr. 27
10163 Berlin

Die Anredepronomen du, dir, deiner, dich

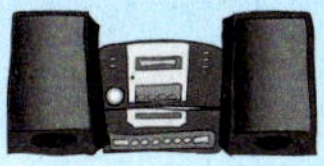

Dunja hat Briefanfänge und Grußformeln gesammelt.
Das hilft ihr beim Schreiben von Postkarten, Briefen oder Einladungen.

Für Freunde und vertraute Personen, die ich mit du anspreche:

Tschüss Lieber … Hallo, mein Schatz,

Bis bald, dein … Liebe … Liebe Grüße, deine …

Hallo … Sei lieb gegrüßt von mir, deine …

3 Ordne die Briefanfänge und Grußformeln. Markiere
- alle Briefanfänge blau.
- alle Grußformeln grün.

Dunja möchte auch ihrer Freundin Adriana eine Postkarte schreiben.

4 Schreibe für Dunja eine Postkarte an Adriana.
- Wähle einen Briefanfang und eine Grußformel von Aufgabe 3 aus.
- Verwende die folgenden Wortgruppen oder überlege dir eigene Sätze.

stürmische Wellen | im Meer baden verboten | ein Ausflug zur Seebrücke | die Möwen beobachten | dich vermissen

Adriana Alberti
Hafenstr. 3
10163 Berlin

5 a) Schreibe die Briefanfänge und Grußformeln von Aufgabe 3 geordnet auf ein Blatt.
b) Hefte das Blatt in deinen **Lebensordner** ein.

Für Freunde und vertraute Personen

Briefanfänge:	*Grußformeln:*
…	…

Die Anredepronomen Sie, Ihr, Ihrer, Ihnen

Vor den Sommerferien plant die Schule ein großes Schulfest.
Die Schüler dürfen Freunde und Bekannte einladen.
Oskar schickt eine Einladung an seinen netten Nachbarn, Herrn Heinze.

Sehr geehrter Herr Heinze,

zu unserem Sommerfest in der Schule am 26.6. lade ich Sie und Ihre Frau herzlich ein. Die genaue Uhrzeit teile ich Ihnen noch mit. Bitte sagen Sie mir Bescheid, ob Sie kommen können.

Mit freundlichen Grüßen, Ihr Oskar

1 a) Markiere in der Einladung alle **Sie**, **Ihr**, **Ihrer**, **Ihnen**.
b) Schreibe die markierten Wörter auf.

Die Anrede **Sie**, **Ihre**, **Ihrer** und **Ihnen** schreibt man in Einladungen, Bewerbungen und Briefen groß.

Oskar möchte auch seine frühere Lehrerin einladen.

2 a) Ergänze die fehlenden Anredepronomen **Sie**, **Ihr**, **Ihnen**.
b) Ergänze zwei Sätze.

Liebe Frau Werder,

zu unserem Schulfest lade ich ________ herzlich ein.

____

____

Es wäre nett, wenn ________ alte Fotos der Klasse mitbringen.

Ich freue mich auf das Wiedersehen mit __________!

__________ Oskar

→ das Fest bestimmt gefallen
genaue Uhrzeit noch mitteilen

Die Anredepronomen Sie, Ihr, Ihrer, Ihnen

Auch Oskar hat sich eine Sammlung von Briefanfängen und Grußformeln angelegt.

Für Personen, die ich mit Sie anspreche:

Briefanfänge:	Grußformeln:
Sehr geehrte Damen und Herren,	Mit freundlichen Grüßen
Sehr geehrte Frau …	Herzliche Grüße
Sehr geehrter Herr …	Mit freundlichem Gruß
Liebe Frau … Lieber Herr …	Mit herzlichen Grüßen

3 Schreibe eine Einladung zum Schulfest an die Eltern.
Wende dabei die Schritte 1 und 2 vom Schreibprofi an.

→ Schreibprofi Klappe vorn

4 Wende den Schritt 3 vom Schreibprofi an. Prüfe deine Einladung.

Das habe ich getan:	✓
Ich habe einen passenden Briefanfang verwendet. Ich habe eine passende Grußformel geschrieben.	☐ ☐
Ich habe das erste Wort im Satz großgeschrieben. Ich habe die Anredepronomen großgeschrieben.	☐ ☐

5 a) Schreibe die Briefanfänge und Grußformeln von Oskar geordnet auf ein Blatt.
b) Hefte das Blatt in deinen **Lebensordner** ein.

Das kann ich! Wortarten wiederholen

Der folgende Sachtext informiert darüber, wie ein Tsunami entsteht.

Zum Nachschlagen:
Rechtschreiben und
Grammatik S. 92–93

Ein Tsunami

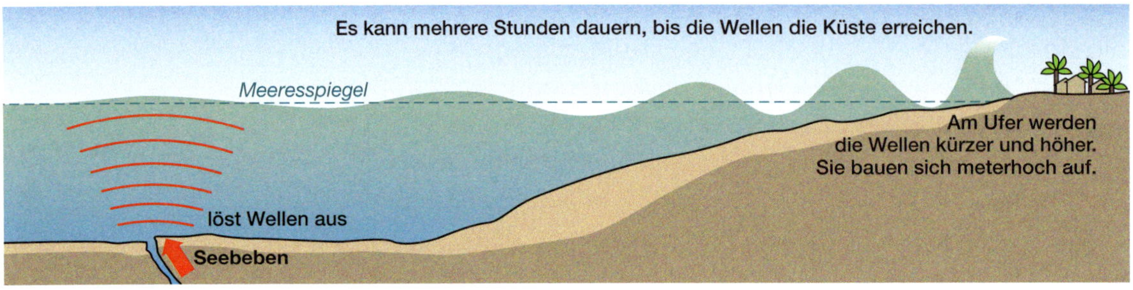

Die meisten Tsunamis ereignen sich im Pazifischen Ozean. Ein Tsunami entsteht, wenn ein Erdbeben auf dem Meeresgrund stattfindet. Das nennt man Seebeben.

Der Meeresboden hebt sich ruckartig und das Wasser darüber gerät in Bewegung. Dadurch entstehen Flutwellen. Sie haben zuerst im offenen Meer nur eine geringe Höhe und werden deshalb von den Schiffen kaum bemerkt. Je weiter sie auf die flachen Küstenregionen zulaufen, desto höher türmen sich die Wogen auf. Sie können an der Küste bis zu 60 m Höhe erreichen.

Die Wassermassen überschwemmen das Land mit ungeheurer Kraft und ziehen alles mit einem starken Sog wieder auf das offene Meer.

1 Wodurch entsteht ein Tsunami?

2 a) Wähle im Text 8 **Nomen** aus. Markiere sie.
b) Schreibe die Nomen mit Artikel auf.

3 Was sind Flutwellen? Finde im Text 2 **Nomen** mit ähnlicher Bedeutung.

die Flutwellen: ______________________________

4 Mit welchen **Adjektiven** kannst du die Flutwelle beschreiben? Kreise ein.

mächtig winzig eng kräftig niedlich riesig machtlos gewaltig

Wortarten wiederholen

Ein Zeitungsartikel berichtet über den Tsunami im Jahr 2004.

Achtung Fehler

Die Tsunami-Katastrophe

Am 26. 12. 2004 löst ein Seebeben im Pazifischen Ozean eine Flutwelle aus. Die Wellen erreichen die Küste von Südostasien und türmen sich zu Wogen auf. Die Wassermassen überschwemmen Teile der Küstenregion. Ein Sog zieht Autos, Häuser und Menschen in das offene Meer. Der Tsunami zerstört weite Teile des Landes.

5 In dem Zeitungsartikel sind 6 Nomen markiert.
Du kannst mit Adjektiven diese Nomen genauer beschreiben.

a) Ergänze passende **Adjektive**.
b) Schreibe die Nomen mit Artikel und Adjektiv auf. Denke daran:
  – Das Adjektiv hat dann eine besondere Endung.
  – Nomen schreiben wir immer groß!

ein kräftiges Seebeben

6 Im Zeitungsartikel stehen alle Verben in der Gegenwart (Präsens).

a) Markiere alle **Verben**.
b) Schreibe die markierten Verben untereinander auf.
c) Ergänze die Verben in der Vergangenheit (Präteritum).

es löst aus – es löste aus

7 Überarbeite den Zeitungsbericht. Schreibe in dein Heft.
Verwende deine Ergebnisse von Aufgabe 5 und 6:
– Ergänze passende Adjektive.
– Schreibe im Präteritum.

Wortarten wiederholen

Was passiert bei einem Gewitter? Ein Lexikonartikel informiert darüber.

Das Gewitter

Gewitter ereignen sich meistens im Sommer. Warme, feuchte Luftmassen steigen in die höheren Luftschichten der Atmosphäre auf. Große Gewitterwolken entstehen. Dann kommt es zu einer elektrischen Entladung. Blitz und Donner ereignen sich gleichzeitig. Aber weil der Schall langsamer als das Licht ist, sehen wir den Blitz zuerst. Kräftige Regengüsse und Hagelschauer prasseln auf die Erde.

1 Warum sehen wir den Blitz, bevor wir den Donner hören?

____

____

2 Im Text stehen Nomen, die wichtig sind, um ein Gewitter zu erklären.

a) Markiere die **Nomen** im Text.
b) Ergänze den Cluster. Schreibe die Nomen mit Artikel auf.

das Gewitter

3 Mit welchen Adjektiven kannst du den Gewitterhimmel beschreiben?

a) Sieh dir das Foto vom Lexikonartikel an.
b) Kreise passende **Adjektive** ein.
c) Schreibe zwei weitere passende Adjektive auf.

finster klar düster wolkig sonnig ______________

freundlich bewölkt blass dunstig hell ______________

Wortarten wiederholen

4 Mit Adjektiven kannst du vergleichen. Ergänze.

dunkel – dunkler als – am dunkelsten

kräftig ______

hoch ______

warm ______

5 Ein Gewitter kündigt sich an. Was tun die Menschen?

a) Markiere die Bestandteile der **zusammengesetzten Verben**.
b) Schreibe die Verbformen wie im Beispiel auf.

zu|machen → er macht zu | abdecken → ______

anziehen → ______ | unterstellen → ______

c) Bilde Sätze.

______

______

______

______

→ das Fenster zumachen, den Sattel abdecken, eine Regenjacke anziehen, den Roller unterstellen

6 Wie kannst du dich vor einem Blitz schützen? Die Bilder zeigen es.

a) Schreibe Sätze in dein Heft. Bilde dazu aus den Verben Nomen.
b) Markiere die Verben, die zu Nomen geworden sind.
Das Sitzen im Auto schützt …

→ sitzen, hinhocken, unterstellen, verlassen

Das kann ich! Wortarten wiederholen

In einem Geschichtsbuch wird über vergangene Ereignisse erzählt.

Der Vulkanausbruch von Pompeji

An einem Sommermorgen im Jahre 79 wurden die Menschen in Pompeji von einer Art Donnergrollen erschreckt. Als sie zum Vesuv schauten, sahen sie, dass der Gipfel weggesprengt war. Aus einem Vulkankrater schlugen Feuersäulen. Staub und Gesteinstrümmer verdunkelten den Himmel als eine Aschewolke. Diese Wolke zog schnell auf die Stadt zu. Eine halbe Stunde später prasselte auf Pompeji ein Regen aus Vulkanasche nieder. Die Menschen versuchten zu fliehen, aber sie wurden unter dem Ascheregen begraben. Dieser Vulkanausbruch begrub die gesamte Stadt Pompeji unter einer zwölf Meter dicken Staubschicht.

1 Was war mit dem Gipfel des Vesuv geschehen?

____

____

2 Zu den folgenden Nomen findest du **ein verwandtes Verb** im Text.
Schreibe die verwandten Verben auf.
Denke daran: Verben schreiben wir klein.

die Verdunklung – verdunkeln

das Grab – ______________

die Sprengung – ______________

die Flucht – ______________

der Versuch – ______________

der Schlag – ______________

3 Im Text findest du 10 **zusammengesetzte Nomen**.

a) Markiere sie.
b) Schreibe so in dein Heft:
der Sommermorgen = der Sommer + der Morgen
…

Das kann ich! Wortarten wiederholen

4 Wie ist die Aschewolke? Wie ist die Staubschicht?
Ergänze zwischen Artikel und Nomen ein passendes **Adjektiv**.
Denke daran: Das Adjektiv hat dann eine besondere Endung.

ein ______________ Donnergrollen

ein ______________ Ascheregen

ein ______________ Vulkanausbruch

eine ______________ Feuersäule

eine ______________ Aschewolke

eine ______________ Staubschicht

5 Schreibe den Text **Der Vulkanausbruch von Pompeji** neu auf.
Ergänze dabei passende Adjektive. Verwende dein Ergebnis von Aufgabe 4.

6 Was geschieht bei einem Vulkanausbruch?
Beschreibe den Vorgang.
Beachte die Checkliste **Einen Vorgang beschreiben.**
Schreibe in dein Heft.
<u>Der Vulkanausbruch von Pompeji</u>
Die Menschen in der Umgebung hören zuerst …
Der Gipfel des Vulkans …

Satzglieder wiederholen

**Im Stadtteil Lohna ereignet sich seit einiger Zeit Merkwürdiges.
Zwei Jugendliche – Lisa und Guido – geraten unter Verdacht.**

1 a) Sieh dir die Bilder genau an.
b) Ordne die Sätze in die richtige Reihenfolge. Nummeriere
c) Schreibe die Sätze in der richtigen Reihenfolge auf.

- ◯ Gegen 14 Uhr fährt ein schwarzer Lieferwagen vor.
Der Fahrer gibt Lisa und Guido einen braunen Umschlag.
- ◯ Am nächsten Morgen berichtet die Zeitung über mehrere Einbrüche.
- ◯ Kurz darauf tragen Lisa und Guido große Taschen zum Lieferwagen.
- ◯ Am Nachmittag zeigen die zwei Jugendlichen stolz eine Menge Geld.
- ◯ Lisa und Guido stehen vor einem Schaufenster. Sie notieren etwas.

2 Was passiert und wer oder was hat damit zu tun?
Markiere in deinen Sätzen
- die Antwort auf die Frage **Wer?** (Subjekt) grün.
- die Antwort auf die Frage **Was tut?** (Prädikat) rot.

Zum Nachschlagen:
Rechtschreiben und Grammatik S. 92–93

Satzglieder wiederholen

Igor und Michael haben Lisa und Guido zufällig beobachtet. Haben die beiden etwas mit den Einbrüchen zu tun?

Igor und Michael treffen Lisa und Guido an der Straßenecke. Die beiden sollen ihnen erklären, woher sie das Geld haben. Plötzlich sehen sie zwei Polizeibeamte, die mit dem Bezitzer des Elektrogeschäfts sprechen. Die Polizisten suchen Hinweise. Die Polizeibeamten geben dem Ladenbesitzer ihre Visitenkarte.

1 a) Frage nach den markierten Satzgliedern.
b) Schreibe die Fragen auf.

Wen oder was?

Wem?

2 Was suchen die Polizeibeamten? Wem geben sie ein Schriftstück?

a) Bilde aus den Satzgliedern drei sinnvolle Sätze.
b) Markiere in jedem Satz die Objekte blau.

suchen Hinweise ihre Freunde geben

ihre Visitenkarte Michael und Igor die Polizisten

dem Ladenbesitzer beobachten die Beamten

Das kann ich! Satzglieder wiederholen

In Lohna haben sich mehrere Einbrüche ereignet. Die Polizei hat die Einbrecher gefasst. Darüber berichtet der Zeitungsartikel.

24. Mai 2010

Jugendliche Einbrecher gefasst!

Braunschweig. Nach dem Motto „Allen gehört alles!" brachen jugendliche Täter am 18.05.10 in ein Elektro-Fachgeschäft im Stadtteil Lohna ein. Sie erbeuteten mehrere wertvolle Klein- und Großgeräte. Nach Angaben der Polizei beschädigten sie auch Sacheigentum. Die Einbrecher flüchteten schnell in den Park. Nachbarn aus der unmittelbaren Gegend wurden durch den Lärm auf den Einbruch aufmerksam. Sie alarmierten am späten Abend die Polizei. Die Beamten fassten die Einbrecher nach einer kurzen Verfolgungsjagd. Das Diebesgut lagerte gut versteckt im Keller einer stillgelegten Fabrik. Die Polizei stellte das Diebesgut sicher. Die Täter befinden sich in Untersuchungshaft.

1 Wann wurde eingebrochen? Wohin flüchteten die Einbrecher? Und wie lagerte das Diebesgut?

a) Ergänze die Fragen.
b) Markiere die Antworten im Zeitungsartikel gelb.

Wann ______________________ ?

Wo ______________________ ?

Wohin ______________________ ?

Wie flüchteten ______________________ ?

Wann ______________________ ?

Wie lagerte ______________________ ?

2 a) Stelle zwei weitere Fragen.
b) Markiere die Antworten im Zeitungsartikel.

→ Wann fassten die Beamten …?
Wo befinden sich …?

______________________ ?

______________________ ?

Das kann ich!

Extra: Satzglieder bestimmen

**Lisa und Guido hatten mit dem Einbruch also nichts zu tun.
Dennoch waren sie ihren Freunden eine Erklärung schuldig …**

Was wirklich passierte

Lisa und Guido musizierten seit vier Wochen während der Nachmittage im Senioren-Wohnheim. Letzte Woche ging ein Verstärker kaputt. Lisa und Guido suchten einen neuen Verstärker. Sie verglichen die Preise in verschiedenen Geschäften. Anschließend notierten sie die günstigsten Angebote auf einem Zettel. In dem braunen Kuvert hatten Lisa und Guido ihr verdientes Geld. Der Bruder von Guido transportierte mit seinem Lieferwagen den neuen Verstärker.

1 Was steckte in dem braunen Kuvert?

Hier kannst du noch einmal das Bestimmen von Satzgliedern üben.

Wer oder was?
Wem?
Was tut?
Wann?
Wen oder was?
Wo oder wohin?

2 Seit wann musizieren die beiden? Und wen suchen sie?

a) Stelle sechs Fragen und beantworte sie.
b) Schreibe nur die Antworten auf.
c) Markiere die Satzglieder farbig.

3 a) Zeichne die Tabelle in dein Heft.
b) Ordne die Satzglieder ein.

das Subjekt	das Prädikat	die Objekte
Lisa und Guido	…	…

Zum Nachschlagen: Rechtschreiben und Grammatik

Großschreibung

Einige Wörter schreiben wir **immer groß**.
Wir nennen sie **Nomen (Namenwörter)**.

Aus Verben können **Nomen** werden.
Die Wörter **das**, **beim** und **zum** machen es!
das Fliegen – beim Fliegen – zum Fliegen

Die Anrede **Sie**, **Ihre**, **Ihrer** und **Ihnen** schreibt man in Einladungen, Bewerbungen und Briefen groß.

Satzzeichen: Punkt, Fragezeichen oder Ausrufezeichen?

Am Ende von einem Aussagesatz steht ein **Punkt**.
Am Ende von einem Fragesatz steht ein **Fragezeichen**.
Am Ende von einem Aufforderungssatz oder von einem Ausrufesatz steht meistens ein **Ausrufezeichen**.

Wortart: Nomen

Viele Nomen benennen **Lebewesen** (Menschen, Tiere, Pflanzen) und **Gegenstände**: die Frau, der Hund, der Baum, das Rad.

Einige Nomen benennen etwas, das wir **nicht anfassen** können: das Glück, der Friede, die Stunde.

Zu den Nomen gehört meist ein **Artikel (Begleiter)**: der, das, die.
Bei den meisten **Nomen** können wir die **Einzahl** und die **Mehrzahl** bilden.

Zusammengesetzte Nomen haben immer den Artikel (Begleiter) vom **zweiten** Nomen.

Zum Nachschlagen: Rechtschreiben und Grammatik

Wortart: Adjektiv

Adjektive (Wiewörter) sagen, **wie** etwas ist: rund, spitz.

Wortart: Verb

Manche Wörter sagen, was wir **tun/machen**.
Diese Wörter nennen wir **Verben (Tuwörter)**.

Wenn wir ausdrücken wollen, **was gerade passiert** oder **was wir gerade tun/machen**, benutzen wir Verben im **Präsens:** es regnet, er fährt.

Wenn wir **über Vergangenes mündlich erzählen**, benutzen wir Verben im **Perfekt**: er ist gekommen.

Wenn wir **über Vergangenes schreiben**, benutzen wir Verben im **Präteritum**: er machte.

Konjunktionen

Mit **dass** und **weil** können wir Sätze verbinden.
Wir nennen sie Bindewörter (Konjunktionen).
Vor dass und weil steht ein Komma.

Satzglieder

Die Antwort auf die Frage **Wer?** nennen wir **Subjekt**.
Die Antwort auf die Frage **Was tut?** nennen wir **Prädikat**.
Die Antwort auf die Frage **Wen** oder **was?** nennen wir **Akkusativ-Objekt**.
Die Antwort auf die Frage **Wem?** nennen wir **Dativ-Objekt**.

Das Subjekt, das Prädikat, das Akkusativ-Objekt und das Dativ-Objekt sind **Satzglieder**.

Wörterliste

der
das
die

A

Ab, ab	abdecken (er deckt ab, er deckte ab)	85
	abschöpfen (er schöpft ab, er schöpfte ab)	6, 7
	der Abstandskeil, die Abstandskeile	8, 9
	abwischen (er wischt ab, er wischte ab)	27
Ak, ak	die Aktion, die Aktionen	69
	aktiv	71
Al, al	allg. = allgemein	23
An, an	das Angebot, die Angebote	28, 29, 30
	anziehen (er zieht an, er zog an)	85
Ar, ar	arbeiten (er arbeitet, er arbeitete)	26
As, as	die Asche	86
At, at	die Atmosphäre	84
Au, au	aufräumen (er räumt auf, er räumte auf)	24, 25, 32
	aufschreiben (er schreibt auf, er schrieb auf)	28
	(sich) auftürmen (er türmt sich auf, er türmte sich auf)	83
	der Ausbruch, die Ausbrüche	86
	ausladen (er lädt aus, er lud aus)	28
	auslösen (er löst aus, er löste aus)	83
Az, az	Azubi = die Auszubildende, der Auszubildende	20

B

Be, be	bes. = besonders	23
	bestätigen	56, 57
	das Bett, die Betten	32
Bi, bi	billig, billiger, am billigsten	48
	BIZ = das Berufsinformationszentrum	20
Bl, bl	der Bleistift, die Bleistifte	8, 9
	der Blitz, die Blitze	84
Br, br	braten (er brät, er briet)	6, 7
	brauchen	28
Bs,bs	BS = die Berufsschule	20
Bv, bv	BVJ = das Berufsvorbereitungsjahr	20
Bz, bz	bzw. = beziehungsweise	23

C

Co, co	der Computer, die Computer	17, 19

D

De, de	dekorieren	32
	denken (er denkt, er dachte)	32, 33, 72
Dg, dg	dgl. = dergleichen	23
Dh, dh	d. h. = das heißt	23
Di, di	DIN = die Deutsche Industrie-Norm	21
Do, do	der Donner, die Donner	84
Du, du	dunkel, dunkler, am dunkelsten	85, 87

E

Ed, ed	EDV = die elektronische Datenverarbeitung	20
Ei, ei	einladen (er lädt ein, er lud ein)	81
	die Einladung, die Einladungen	81
En, en	(sich) engagieren	68
	die Entladung	84
Er, er	erklären	32
	erreichen	83

F

Fe, fe	das Fest, die Feste	81
Fi, fi	finden	72
Fl, fl	flexibel	31
	fliehen (er flieht, er floh)	86
Fo, fo	das Formular, die Formulare	44, 45, 60, 61
Fr, fr	(sich) freuen	32, 81
	der Freund, die Freunde	88
Fs, fs	FSJ = das Freiwillige Soziale Jahr	20
Fu, fu	füllen	24, 25
	die Funktion, die Funktionen	69

G

Ga, ga	der Gast, die Gäste	32
Ge, ge	geben (er gibt, er gab)	88
	gefallen (es gefällt, es gefiel)	28, 30, 31
	das Getränk, die Getränke	34, 35
	gewaltig	82, 83
	das Gewitter, die Gewitter	84
Gg, gg	ggf. = gegebenenfalls	22
	GGV = die Gefahrgutverordnung	20
Gr, gr	graben (er gräbt, er grub)	86
	das Grollen	86
	groß, größer, am größten	87
Gu, gu	gut, besser, am besten	42, 43

der
das
die

der
das
die